Programa en App Inventor

2

Aprende a programar, en esta fantástica herramienta para crear alucinantes aplicaciones

Raúl Fernández

Índice

Introducción

Este libro te proporcionará las bases de la programación y a su vez te ayudará a desarrollar las habilidades necesarias para ser un programador de éxito en App Inventor 2.

 Este libro es diferente a todo los libros sobre App Inventor, ya que no se limita a la explicación de cómo construir una aplicación sencilla, si no que asienta las bases para que una vez terminado el usuario sea capaz de crear aplicaciones complejas sin ayuda de ningun tutorial, solo con su imaginación y lo aprendido en este libro.

El manual que tiene entre sus manos se encuentra organizado en capítulos con ejemplos prácticos. En cada uno de ellos se explica distintas funciones mediante programación. Se trata de un libro eminentemente práctico, es decir, los capítulos vienen acompañados de distintos ejemplos que le serán de utilidad al lector para afianzar conocimientos de programación y descubrir cómo resolver distintos casos con la herramienta App Inventor 2. Es por esto que le animo a que realizar los distintos ejemplos que se encuentran disponibles en cada capítulo de este libro.

Ya no será un secreto realizar aplicaciones que haga uso de una compleja lógica, con este fantástico libro será tan sencillo crear aplicaciones que cualquier persona puede hacerlo.

¿Qué es App Inventor?.

App Inventor es un entorno de desarrollo para la elaboración de aplicaciones destinadas al sistema operativo Android. El usuario puede, de forma visual y a partir de un conjunto de herramientas básicas, ir enlazando una serie de bloques para crear la aplicación. El sistema es gratuito y se puede utilizar fácilmente desde la web del MIT. Las aplicaciones creadas con App Inventor están limitadas por su simplicidad, aunque permiten cubrir un gran número de necesidades básicas en un dispositivo móvil.

PASADO, PRESENTE Y FUTURO DE APP INVENTOR.

La primera versión de App inventor fue creado inicialmente por el MIT (Instituto tecnológico de Massachusetts) y fué cogido por google, para que cualquier persona con interés pueda crearse su propia aplicación móvil, ya sea para su empresa, para su casa o por otros intereses. Fue desarrollado por el profesor Hal Abelson y un equipo de Google Educación, mientras que Hal pasaba un año sabático en Google.

En enero del 2012 google dio por finalizado el proyecto APP INVENTOR por suerte

Google liberó el código fuente de App Inventor para que cualquiera pudiera usarlo y cedió su desarrollo al MIT para que el proyecto no quedase en el olvido y siguiese recibiendo mejoras y compatibilidad con las futuras versiones de Android.

Actualmente APP inventor hasta la fecha ha añadido mejoras y nuevas funciones a las que ya contaba su primera versión, ha cambiado su antiguo logo del android verde por el de una abeja, ya que según el MIT se identifica mejor con los valores que desea transmitir con el uso de esta herramienta.

Y ahora toca hablar un poco de lo que está por venir, ya que el MIT anunció recientemente que dejará de dar soporte a versiones del sistema android inferior a la 2.1, para poder incorporar nuevas funcionalidades como poder personalizar el emulador, poder personalizar la apariencia de las aplicaciones especificando cosas como el tamaño de fuente, el color y el relleno de forma uniforme en toda la aplicación y añadir un selector de colores de paleta completo a App Inventor para que sea fácil utilizar más colores en sus aplicaciones. Añadir que actualmente existe una línea de trabajo para poder crear servicios en la aplicación que es una petición que los usuarios llevan tiempo reclamando.

¿CÓMO FUNCIONA APP INVENTOR?

Crear una aplicación con app inventor es muy sencillo, en tan solo unos minutos podremos hacer una aplicación que funcione en cualquier teléfono Android.

Lo primero que tendremos que hacer, es el diseño de la aplicación, en la que seleccionando y arrastrando una serie de componentes como botones, cajas de texto, selectores de fecha e imágenes, compondremos el aspecto visual de nuestra app.

Una vez diseñada la aplicación nos iremos al editor de bloques, donde iremos escogiendo los bloques a modo de programación que te sean necesarios según la aplicación que tengas pensada hacer. Estos bloques están separado por funcionalidad y colores encontrado bloques para cambiar de pantalla o como por ejemplo detectar la posición x, y de la última vez que se pulso.

Tu aplicación aparecerá paso a paso en la pantalla del teléfono a medida que se añadan piezas a la misma. Para ello app inventor nos ofrece varias opciones, la aplicación AI Companion, que se puede descargar directamente desde el google play, el emulador, que es el software que se ejecuta en tu computadora y se comporta como el teléfono y por último directamente conectando nuestro teléfono al ordenador mediante el cable usb.

Para que puedas probar tu trabajo en otros teléfono o distribuirla cuando hayas terminado, puedes empaquetar la aplicación en un archivo APK para instalar.

¿QUE SE PUEDE HACER Y QUE NO CON APP INVENTOR?

Desgraciadamente App Inventor viene con una serie de limitaciones, entre ellas está la de no poder trabajar en segundo plano, es decir, si creamos una aplicación que al pulsar un botón comienza un contador de tiempo a modo de cronómetro, en el momento en que se apague la pantalla o bloqueemos el teléfono se detendrá nuestra aplicación. En consecuencia no será funcional si no podemos evitar que la pantalla se apague. Tampoco podremos mandar notificaciones push tan valiosas y útiles en nuestros teléfonos Android. Aún así y con todas las limitaciones, App inventor no deja de ser una estupenda herramienta para empezar a crear aplicaciones Android, sobre todo si no sabes programar ya que te ayudará aprender conceptos de cómo funciona la lógica de la programación.

¿PARA QUÉ PÚBLICO VA DIRIGIDO APP INVENTOR?

Con el lema "Cualquier persona puede crear aplicaciones que impactan el mundo", se presenta APP INVENTOR 2 que está dirigido para todo tipo de público, quizá está más orientado a jóvenes, dónde el mit está poniendo todo su interés, formando a profesores y educadores para que enseñen a los alumnos de las escuelas de todo el mundo a crear aplicaciones.

Ya que uno de sus puntos fuertes es que sin ningún conocimiento en programación, un usuario con un ordenador, conexión a Internet y un mínimo de conocimientos informáticos puede crear una app en unos minutos, hace que cualquier persona como tu o como yo podamos crear una app.

Si tú estás interesado en la creación de aplicaciones esta es tu oportunidad.

Con más de 400.000 usuarios activos mensuales únicos procedentes de 195 países que han creado casi 22 millones de aplicaciones, MIT App Inventor está cambiando la forma en que el mundo crea aplicaciones y la forma en que los niños aprenden sobre computación.

App Inventor Comenzando

Lo primero que tendremos que tener, y que es indispensable, es una cuenta de correo de Google, ya que nos pedirá una para poder registrarnos y utilizar App Inventor. Si no tienes una o no sabes cómo crearla te dejo un tutorial muy bueno que te explica paso a paso el proceso para crear una cuenta de Google.

Seguido abriremos nuestro navegador predeterminado, uno de los requerimientos para que funcione sin ningún problema es que nuestro navegador, esté en la lista de navegadores soportados.

NAVEGADORES SOPORTADOS

Mozilla Firefox 3.6 o superior	Si utiliza Firefox con la extensión NoScript, deberá desactivar la extensión.
Apple Safari 5.0 o superior	
Google Chrome 4.0 o superior	
Microsoft Internet	Internet Explorer no es compatible

CÓMO CONECTAR CON NUESTRO DISPOSITIVO

La opción que recomienda el *MIT* a la hora de hacer nuestras pruebas, es utilizar un teléfono o tablet que tenga instalado la aplicación *"MIT App Inventor Companion"*. Con esta aplicación y una conexión de internet inalámbrica podrás probar tus aplicaciones a medida que las creas. Veamos paso a paso cómo se hace.

CONECTAR CON LA APLICACIÓN COMPANION

PASO 1: Instalación de la aplicación MIT AI2 Companion en tu dispositivo.

Lo primero que tenemos que hacer es instalar la aplicación en nuestro teléfono o tablet desde google play, puedes hacerlo directamente pinchando en este enlace.

https://play.google.com/store/apps/details?id=edu.mit.appinventor.aicompanion3

Puede ser que tu teléfono no disponga de google play, para ello el MIT nos ofrece descargarnos la aplicación directamente a nuestro teléfono sin necesidad de ir a la tienda de google, para ello puedes hacerlo pulsando en el siguiente enlace.

http://appinv.us/companion

Si te decides por esta última opción, debes habilitar la opción en tu telefono para poder instalar aplicaciones de orígenes desconocidos, si no sabes como se hace, te dejo un enlace donde te explica paso a paso como instalar aplicaciones de "fuentes desconocidas".

PASO 2: CONECTAR EL ORDENADOR Y TU DISPOSITIVO AL MISMO WIFI

En este paso tendremos que conectar tanto el teléfono o tablet Android a la misma red wifi que tengamos el ordenador. De esta manera podremos probar nuestros proyectos.

Paso 3: CONECTAR "COMPANION" CON UN NUEVO PROYECTO.

Ahora toca probar si todo va bien, para eso iremos a App Inventor y abriremos un nuevo proyecto Project> Start New Project al que daremos el nombre de "PruebaConexion". A continuación, seleccione "Conectar" y "Companion AI" en el menú superior del AI2: Aparecerá una ventana con un código QR en la pantalla. En tu teléfono o tablet, inicia la aplicación "MIT App Companion". Seguido pulsaremos el botón "Scan QR Code" (Escanear código QR) nos abrirá la cámara y seguido leeremos el código QR.Nos aparecerá una barra de progreso mientras carga nuestra aplicación, después de terminar tendrías que ver la aplicación en la pantalla de tu dispositivo. Podemos encontrarnos en la situación de que nuestro dispositivo no tenga cámara o está esté estropeada, para esta situación podemos escribir el código que aparece más arriba donde dice "Su código es" y que está compuesto por 6 caracteres.Después pulse el botón naranja.

Una instrucción como introducción

Empezaremos con con una sencilla instrucción que mostrará el mensaje "hola mundo" en la pantalla de nuestro dispositivo móvil.

Una vez abierta la página de App Inventor 2 en la pantalla de nuestro navegador, crearemos un nuevo proyecto, para ello pulsaremos en la pestaña de Proyectos y pulsaremos en Comenzar un proyecto nuevo…,

Le darás el nombre que quieras, *para este caso se le dará Lección1*, no olvides que el nombre del proyecto no puede contener caracteres extraños.

 Selecciona el nuevo proyecto y en el diseñador nos dirigiremos a **Paleta -> Disposición** y arrastramos el componente **DisposicionVertical** dentro de nuestra pantalla **Screen1**

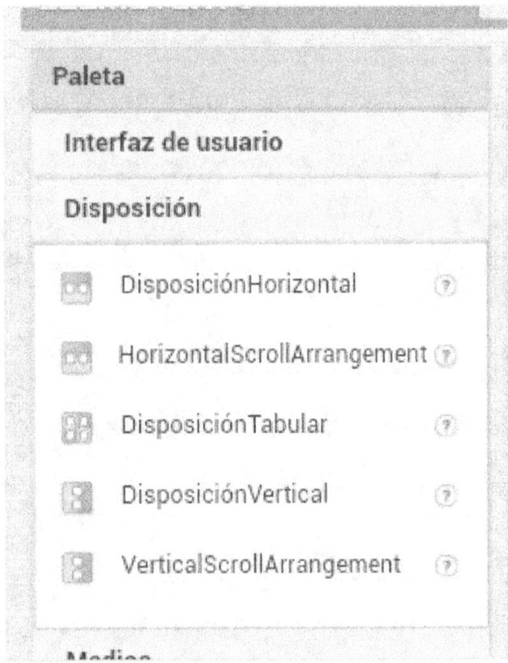

manteniendo seleccionado este componente, nos dirigiremos a las propiedades situadas a la derecha de la pantalla de nuestro ordenador y tanto el **Alto** como el **Ancho,** seleccionaremos la opción, **Ajustar al contenedor**, esto hará que la disposición vertical siempre ocupe el total del alto y ancho de la pantalla del dispositivo, independientemente de cuál sea su tamaño.

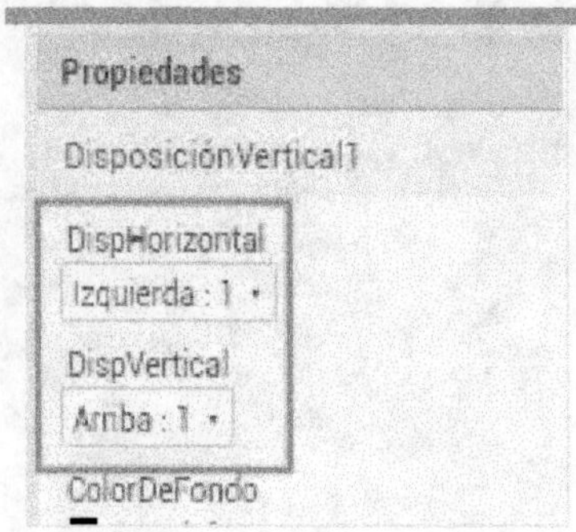

Propiedades

DisposiciónVertical1

DispHorizontal
Izquierda : 1 ·

DispVertical
Arriba : 1 ·

ColorDeFondo

Si eres nuevo en App Inventor 2 y lo tienes configurado en Inglés, te resulta difícil seguir este libro, no te preocupes es tan fácil como pulsar en la pestaña superior derecha donde pone Inglés, y seleccionar tu idioma de entre la lista de idiomas disponibles.

Dada esta pequeña explicación para que no tengas problemas, seguimos con este primer capítulo. Sin salir de las propiedades de nuestra **DisposiciónVertical**, pondremos tanto la **DispHorizontal** como la **DispVertical** en el centro 3,

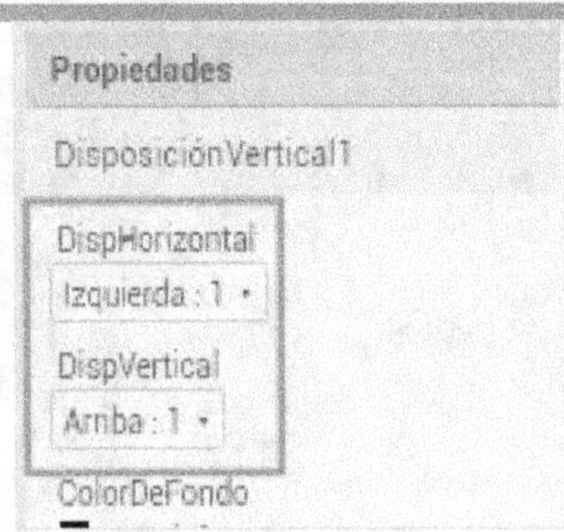

con eso haremos que todo lo que metamos dentro de esta, este justamente centrada en la pantalla.

Una vez hecho esto nos dirigiremos a *paleta → Interfaz de usuario* y arrastraremos el componente *etiqueta* al interior de nuestra *Screen1*

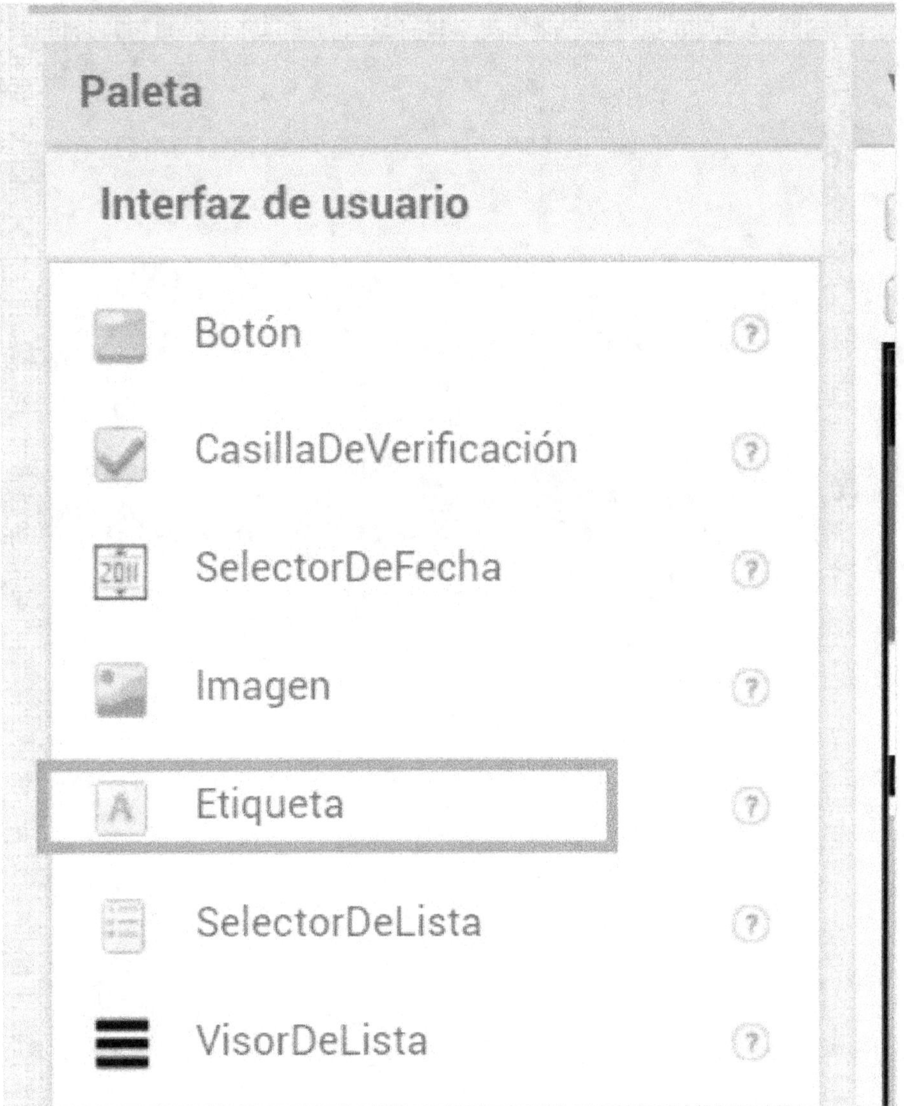

esta etiqueta nos servirá para mostrar los resultados de la codificación que hagamos, ahora y en adelante en este libro. Ahora en las propiedades de la etiqueta pondremos el tamaño de letra en 30 y el tipo de letra elegiremos Serif, en el cuadro de texto pondremos "Hola Mundo" y en posición del texto lo dejaremos en el centro, las demás propiedades las dejaremos las que vienen por defecto

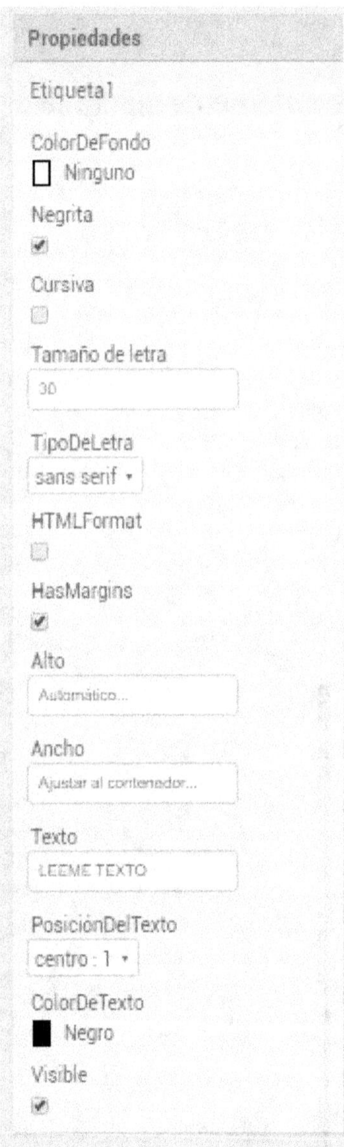

Ahora haremos una comprobación en un dispositivo real, esto servirá para ver que todo funciona correctamente, el método recomendado es conectarlo con *Ai companion,* pero tú querido lector puedes elegir el que más te guste.

Una vez visto que todo funciona correctamente iremos a la pantalla de bloques y tendremos a nuestra izquierda justo debajo de bloques – integrados el nombre de nuestra primera pantalla Screen1, si pulsamos, se desplegaran una serie de bloques y escogeremos cuando **Screen1 inicializar ejecutar,**

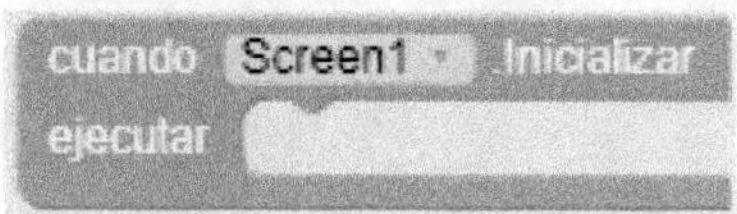

ahora en bloque pulsaremos en la ***etiqueta1*** y seleccionaremos el bloque poner ***etiqueta1 texto como*** que situaremos justo debajo del anterior componente de la pantalla.

ahora en *bloques → integrados* seleccionaremos **texto**, y de los bloques desplegados arrastraremos el bloque entrecomillado que no contiene texto " ",

y lo situaremos a continuación de bloque anterior, escribiendo dentro "Hola Android", ahora conectamos con nuestro dispositivo android y esta vez veremos como en el centro de la pantalla aparece otro texto diferente "Hola Android" con esto vemos que los bloques anteriores están haciendo su trabajo y han cambiado el texto.

llegados a este punto pasaremos a explicar cómo comentar nuestros programas, esto es especialmente importante cuando nuestros programas son demasiados grandes y los compartimos con terceras personas, esto se hace de una manera muy sencilla, pulsaremos con el botón derecho del ratón sobre el bloque que queremos comentar y del desplegable de opciones que muestra, escogeremos añadir comentario.

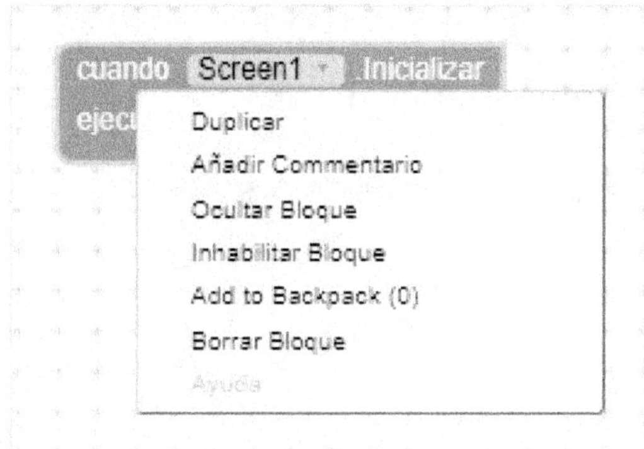

Veremos que saldrá en la esquina superior izquierda del bloque un círculo azul con un signo de interrogación dentro.

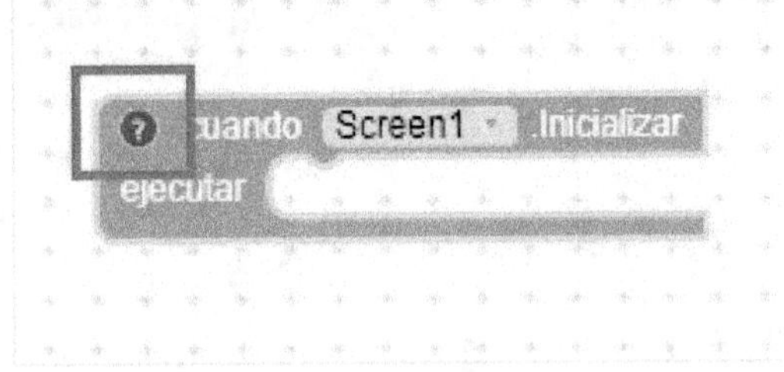

Si pulsamos en él veremos qué se abrirá un globo en el que podremos escribir dentro el texto que queramos, bien para explicar la función de ese bloque, o para hacer un comentario a modo de ayuda, yo en mi caso voy a poner el siguiente texto explicando la función del bloque, "Al iniciar la pantalla cambió el texto", una vez escrito, si vuelvo a pulsar en el signo de interrogación, el globo quedará oculto.

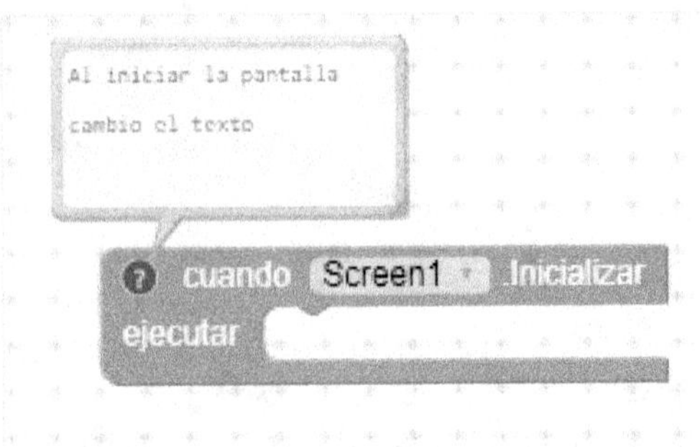

Cuando nuestros programas crezcan en dificultad y utilicemos una gran cantidad de datos, tendremos a nuestra disposición una herramienta de depuración, que aunque muy básica, nos facilitara a la hora de encontrar errores en la ejecución, si pulsamos con el botón derecho del ratón sobre algún bloque, al abrirse las opciones en la parte inferior podemos ver la opción *"Do It"* traducido significa *"hazlo o ejecuta"*, si pulsamos en esta opción estando el programa en ejecución, tanto en el emulador como en el dispositivo, se nos devolverá el resultado de la expresión.

Esta parte la trataremos en más profundidad en siguientes capítulos de este libro.

Bien con esto se termina esta primer capítulo, en el siguiente veremos cómo definir una variable y tipos de variables.

Variables globales y depuración

Vamos a ver las variables en App Inventor 2, no te asustes es muy sencillo y verás como después de esta lección serás capaz de entender cómo funcionan las variables y cómo usarlas, te advierto que es un tema muy importante en programación así que adelante.

En programación, una variable está formada por un espacio en la memoria de un ordenador y un nombre o identificador que está asociado a ese espacio de memoria. Ese espacio contiene la información conocida o desconocida, es decir un valor. El nombre de la variable es la forma usual de referirse al valor almacenado. Un ejemplo de variable podría ser el siguiente (tamaño = 33) dónde tamaño sería el nombre y 33 el valor contenido dentro del mismo, entonces cada vez que usemos el nombre de la variable, estaremos usando su contenido.

vamos a verlo con un ejemplo, ves a App Inventor y una vez abierta la página, ve directamente al proyecto que abriste en la primera lección, y pulsa en la pestaña de bloques, en la que se abrirá el proyecto con los bloques que tenías anteriormente y que mostraban un mensaje en la pantalla de tu dispositivo.

Ve a **bloques –> integrados** y selecciona **variables**, de los bloques que saldrán al lado derecho selecciona **variable global**.

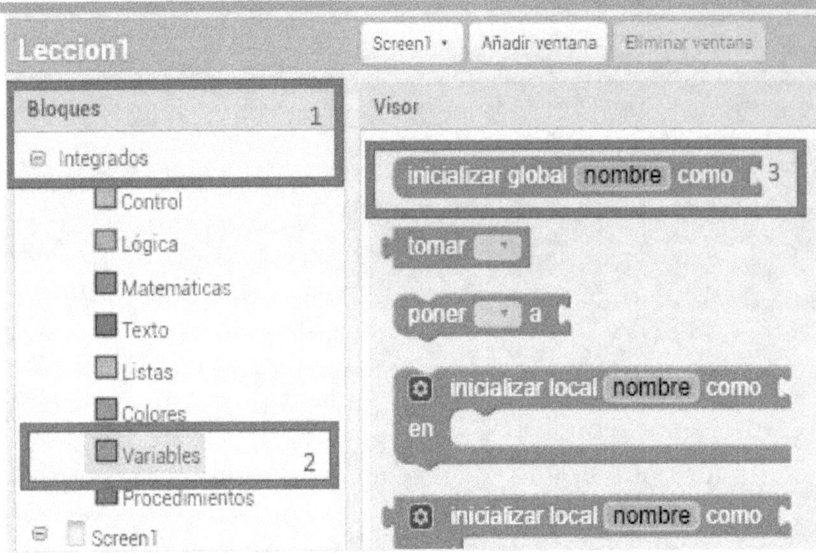

Decir que las variables globales, una vez declaradas son accesibles desde cualquier punto del programa. Existen varios tipos de **variables globales** se puede inicializar una variable global con valores matemáticos, valores lógicos, con textos, listas y colores.

En este primer caso, lo primero que harás es cambiar el nombre de la variable y pondrás **saludo**, el nombre de la variable debe ser único, es decir no podemos crear otra variable con el mismo nombre. Después une la variable con un texto, para ello ve a *paleta → integrados-->texto* y añade a continuación el cuadro de texto vacío que está entrecomillado, no pondrás nada, déjalo vacío.

Ahora vas a declarar otra variable de tipo matemático, para ello ve a **bloques -> integrados -> variables** y escoge el bloque **inicializar global**, y le pondrás a esta variable el nombre de números. Después dirígete a **paleta -> integrados -> matemáticas** y seleccionaremos el bloque que contiene un cero encajalo a continuación del bloque anterior.

Seguido inicializa una variable de tipo lógica, para ello haz como en las anteriores ocasiones, ve a b**loques -> integrados -> variables** y selecciona el bloque *inicializar global como*, le llamaras booleana, ahora en **bloques -> integrados -> lógica** dale el valor de *cierto* a continuación del bloque que añadiste.

Verás que este último bloque que has añadido tiene una flechita hacia abajo en su interior, si pulsas dentro saldrá un desplegable con las múltiples opciones que puedes poner, ya tenemos seleccionado cierto, pero también puedes haberlo puesto como falso.

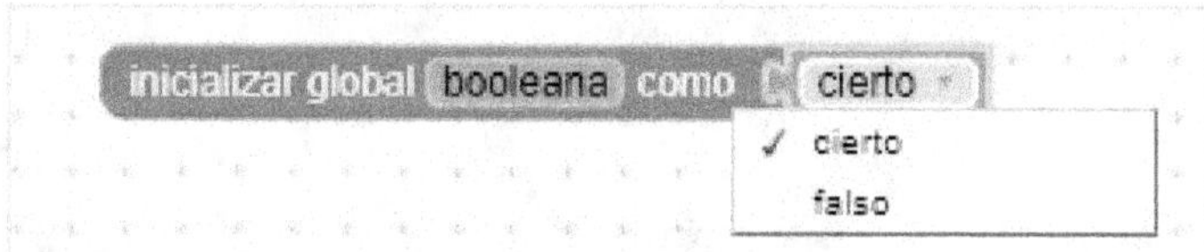

Una vez inicializadas estas variables vas a colocarles un valor, para ello dirígete a **bloques -> integrados -> variables** y escoge esta vez el bloque poner variable a, qué situadas en el interior del bloque cuándo **Screen 1 inicializa**, que pusiste en la anterior lección.

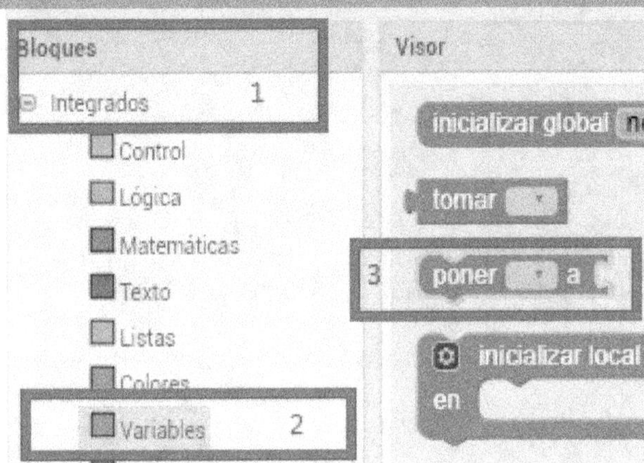

Esta vez en el interior de este bloque tendras una flechita, si pulsas en la flechita se desplegará un listado de variables disponibles, inicializadas anteriormente, escoge en este caso la variable *global saludo*.

Después ve a **bloques -> integrados -> texto** y selecciona el cuadro vacío entrecomillado que pondras a continuación del bloque anterior y escribe dentro *"Hola mundo Android"*, en este momento le estamos diciendo al programa que esta variable vale eso, es decir esta variable contendrá el texto *"Hola Mundo Android"*.

En el bloque de texto que tienes puesto a continuación de **poner etiqueta cómo**, lo seleccionas y arrastras a la papelera de reciclaje, seguido iras a *paleta →integrados* selecciona **variable** y escoge el bloque **tomar variable**, que arrastraras junto al bloque de la etiqueta y le harás encajar.

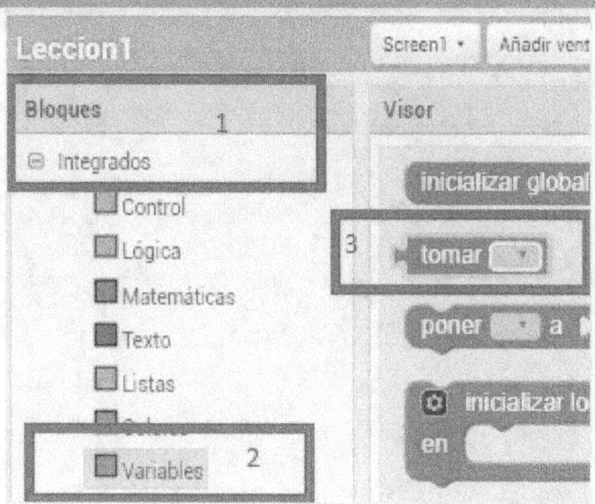

Seguido pincha en la flechita que tiene dentro este bloque y selecciona dentro de las listas la variable saludo.

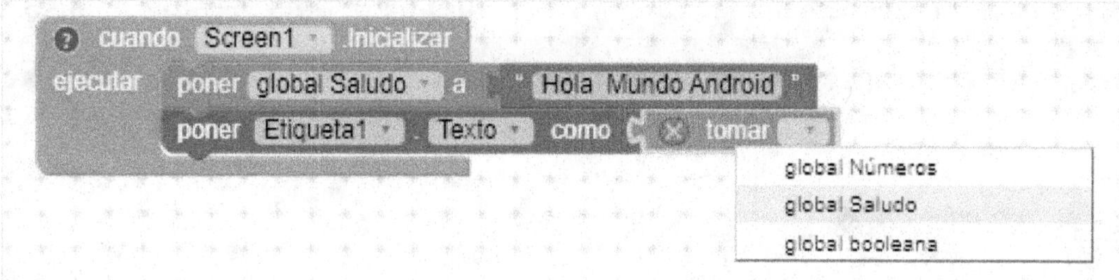

Si ejecutas la aplicación con tu método favorito, verás que el texto que contiene la etiqueta ha cambiado y que ahora mostrará el texto que le has guardado en la variable. Ves que potencial tiene esto, veremos más ejemplos.

Ahora lo que haras es cambiar el bloque ***poner variable saludo a*** por ***poner global Números a,*** para introducir su valor ve a ***paleta -> integrados -> matemáticas*** y selecciona el bloque que contiene un cero dentro, lo arrastras a continuación del bloque anterior, y le pones el valor de 565 como ejemplo.

En el bloque que usaste junto a la etiqueta de texto, le cambiaras la variable que coge saludo por la variable números.

Ahora ejecuta la aplicación, y verás que en vez de salir un saludo, saldrá el valor numérico que le has metido en la variable.

Ahora harás otra vez lo mismo, selecciona **tomar global números** y la cambias por **tomar variable global booleana**, en el lugar de número entero, pondrás el valor de falso para ello irás a **paleta-> integrados -> lógica** y arrastra el bloque **falso**.

Bien ahora llegado a este punto probaras el programa en un dispositivo, verás que en la pantalla en vez de salir el número, saldrá la palabra falso, que es el valor que tiene esta variable.

Muchas veces, o en la mayoría de ocasiones, cuando el programa crezca en complejidad, necesitarás saber qué valor tienen ciertas variables que no se mostrarán en pantalla, pero que sí necesitarás saber su valor, para ello App Inventor 2 tiene una opción de depuración, es muy sencilla. Mientras esté ejecutando la aplicación en tu dispositivo o emulador, con el botón derecho del ratón pincha en la variable en la que quieras obtener su valor, del desplegable selecciona la opción **"do it" (Haz o ejecuta)**.

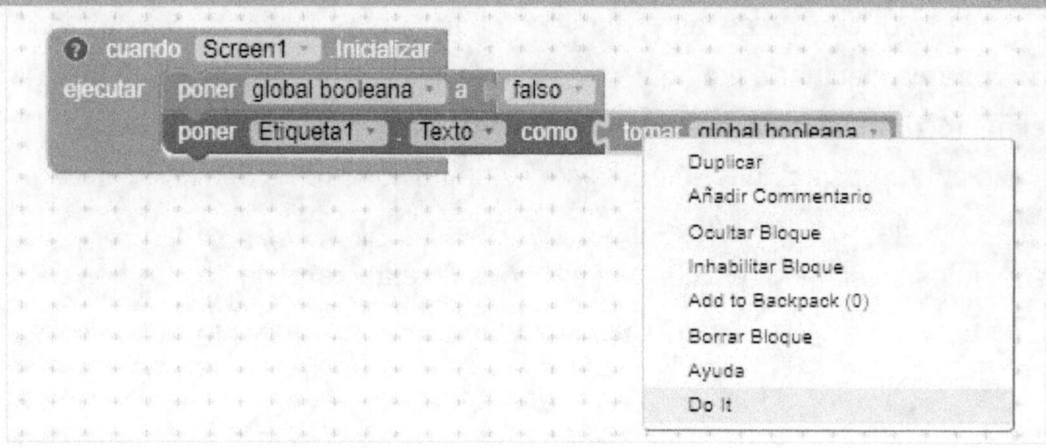

se desplegará un globo y te mostrará el resultado de la variable, si esta variable está dentro de una operación matemática o es equivalente a una operación matemática te dará el resultado final.

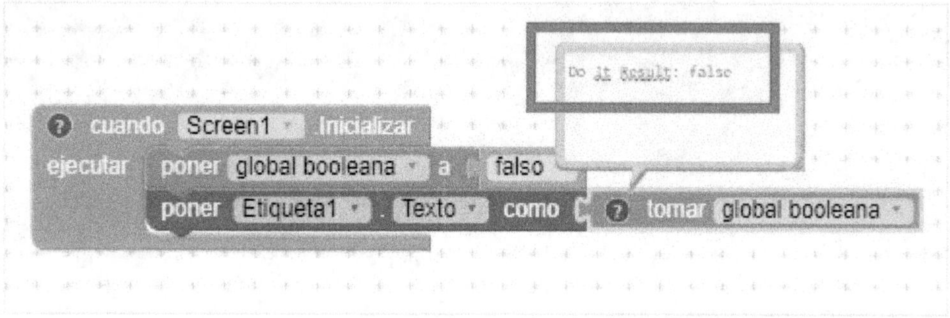

Variables locales.

Una variable local es, la variable a la que se le otorga un ámbito local. Tales variables sólo pueden accederse desde la función o bloque de instrucciones en donde se declaran.

Las variables locales a diferencia de las variables globales en App Inventor 2, sólo son accesibles en la parte a ejecutar del bloque, es decir no se podrán consultar o darles valor fuera del mismo bloque o función. Lo vamos a ver un mejor en un pequeño ejemplo, para ello abriremos en nuestro navegador App Inventor, después en mis proyectos selecciona el proyecto que creaste para tratar el tema de las variables globales, y seguido pulsa en bloques, una vez situados en esta pantalla nos iremos a *bloques → integrados → variables* y seleccionaremos el bloque *"inicializar local como en"*

que arrastraras y encajaras a continuación del bloque *"cuando screen1 inicializar ejecutar"*.

En el cuadro donde ahora te pone nombre, le pondremos el nombre que quieras que tenga la variable local, en este caso le pondremos el nombre de **"MiVariableLocal"**.

Ahora toca inicializarla con un valor tal como hiciste en el anterior capítulo, en el que hablamos de las variables globales, y que podíamos inicializarlas con valores matemáticos, valores lógicos, con textos, listas y colores. En tu caso y a modo de ejemplo, lo inicias con un valor matemático, para ello ves a *bloques → integrados → matemáticas* y escogeremos el cuadro que contiene en su interior un cero,

arrastralo y colocalo en el bloque *"inicializar variable local"*, justo a continuación del como, y le dale por ejemplo el valor de 242.

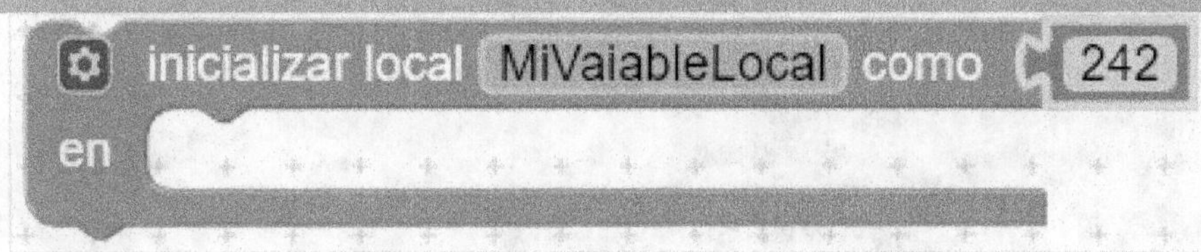

Una vez inicializada la variable local, solamente falta utilizarla, y para ello utiliza el bloque *"poner etiqueta1.Texto como"*

que ya tenías del anterior ejemplo y que arrastraste al interior del bloque de la variable local, pues bien, si pulsas dentro del cuadro de la variable que acompaña dicha etiqueta para seleccionar una variable, verás que entre las variables globales ya declaradas se encuentra nuestra variable local y que podrás utilizar solamente dentro de este bloque.

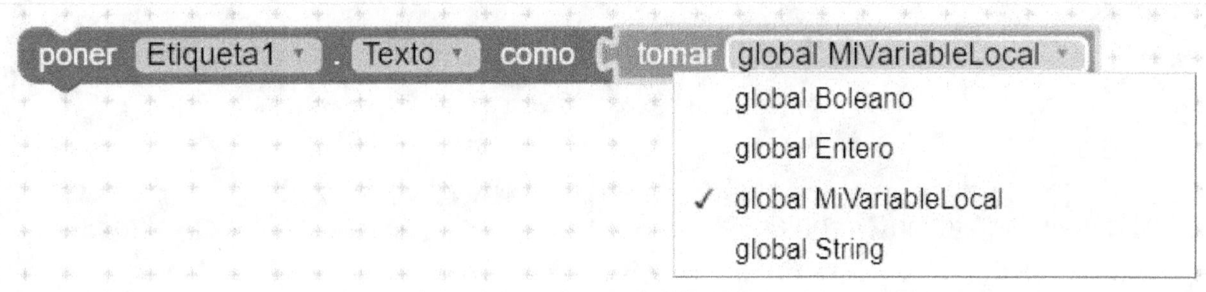

Si quisiéramos utilizarlo fuera del mismo te sería imposible, y para ello podemos hacer la prueba, arrastra el bloque de la etiqueta fuera del bloque de la variable local y veras que es imposible seleccionarla porque entre el listado de variables que nos muestra el desplegable no se encuentra nuestra variable local.

También decir que una variable local se puede declarar con el mismo nombre de una variable global y ejecutar nuestra aplicación sin ningún problema.

Fijate en el bloque que declara variables locales, en su esquina superior izquierda podremos observar que nos encontramos con una rueda dentada de color azul, si pulsamos nos dará la opción de declarar más de una variable local arrastrando el bloque nombre dentro del bloque nombres locales, de esta manera dentro de un conjunto de bloques podremos añadir tantas variables locales como necesites.

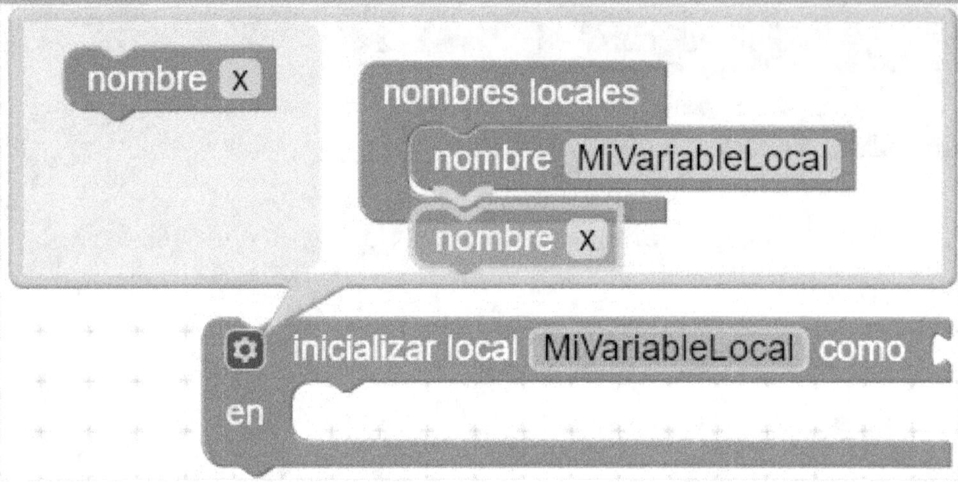

Uso de Listas simples

Las listas en App Inventor son una estructura de datos en la que cada elemento puede ser referenciado por la posición que ocupa en la misma.

Con las listas podemos manejar estructuras de datos dentro de elementos, y se suelen utilizar en muchos lenguajes de programación, pero por contra tengo que decir que es un elemento complejo de entender y de utilizar, pero que una vez comprendido y asimilado podremos dotar a nuestra aplicación de una estructura de datos, que nos será de gran ayuda.

Vamos a ver un ejemplo de cómo se crea una lista en App Inventor 2, para ello crearemos un nuevo proyecto al que llamaremos EjemploListas, una vez creado y con el proyecto abierto nos dirigimos a la pantalla de bloques, seguido arrastraremos un bloque para inicializar una variable global, a la que pondremos el nombre de Frutas, para ello iremos a *bloques → integrados → variables* y arrastramos al lienzo el bloque Inicializar global como

esta vez como dato le asignaremos una lista vacía, a la que más tarde rellenaremos los campos para ello nos dirigimos a *bloques → integrados → listas* y encajaremos en el bloque anterior el bloque **construye una lista**.

Bien, ya tenemos creada nuestra lista ahora solo tendremos que introducir los datos en ella, para ello pulsaremos con el botón izquierdo del ratón en la rueda dentada de color azul situada en la esquina superior izquierda de nuestro bloque, y arrastraremos al interior tres elementos más,

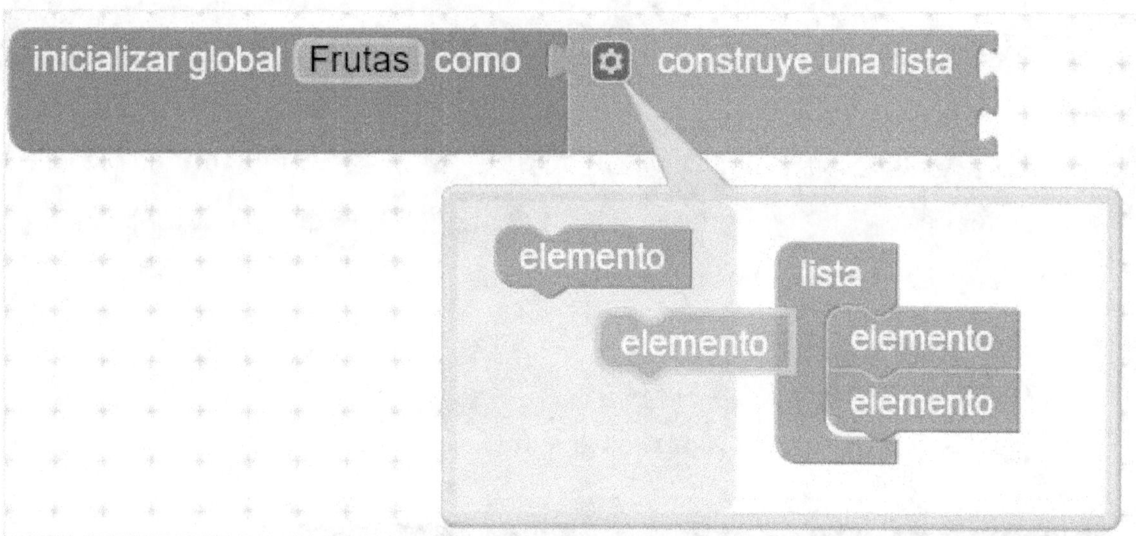

con lo que hará un total de cuatro y a cada uno de ellos le asignaremos un bloque de texto con los siguientes nombres en orden Fresa, Manzana, Pera y Melocotón. Cada uno ocupará un índice.

Cada elemento en una lista tiene un índice. En App Inventor 2 a diferencia de otros lenguajes de programación, el primer elemento de una lista tiene el índice 1. En nuestra lista, Fresa tiene el índice 1, Manzana tiene el índice 2, Pera tiene el índice 3 y Melocotón tiene el índice 4.

Esto quiere decir que se puede hacer referencia a un elemento específico dentro de nuestra lista si sabemos qué índice tiene y el nombre de la lista que lo contiene. En nuestro caso el nombre de nuestra lista sería el nombre de la variable que lo contiene, Frutas, y el índice sería cada elemento de la lista.

Bien, ahora que ya hemos creado nuestra lista y tenemos alguna noción de que es un índice dentro de nuestra lista, vamos hacer una pequeña aplicación que recorra todo los elementos de nuestra lista. Lo primero antes de todo será crear nuestro layout para nuestro proyecto, donde tendremos una etiqueta que utilizaremos para mostrar cada uno de los nombres de nuestra lista, para ello pulsaremos en el botón DISEÑADOR y en paleta - Interfaz de usuario arrastraremos el componente etiqueta dentro de nuestro layout, en sus propiedades cambiaremos el texto por "Lista de frutas", seguido arrastraremos el botón que situaremos justo debajo de la etiqueta y que en sus propiedades cambiaremos el nombre por el de Índice +1, nos debe de quedar algo parecido a esto.

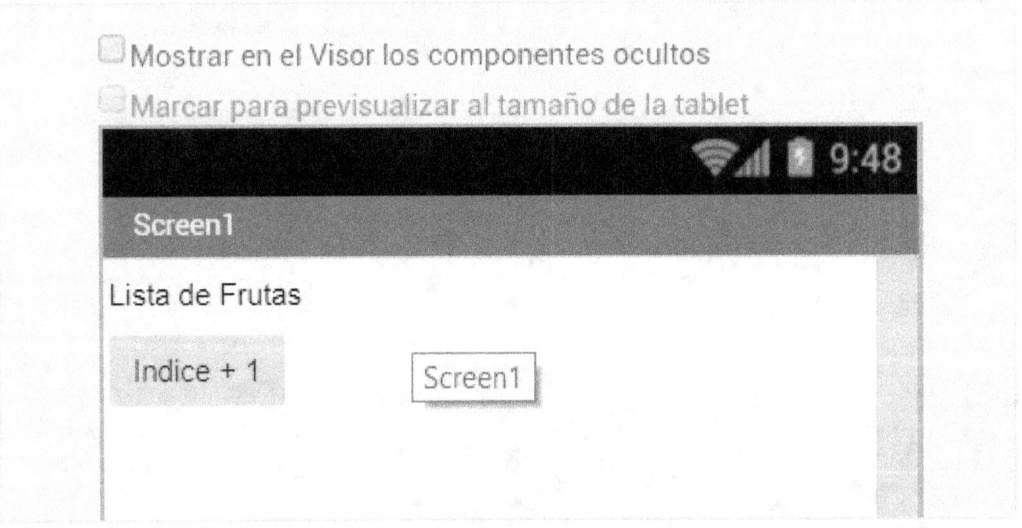

Pulsaremos el botón de bloques y daremos comienzo a la programación de la lógica de la app, lo que trataremos de hacer es que al pulsar el botón, incrementaremos una variable que servirá para recorrer todos los elementos de la lista, y llegados al final de la lista volveremos al principio. La etiqueta mostrará en todo momento el valor del índice indicado con el valor de la variable.

Utilizaremos una nueva variable global que utilizaremos como contador, para ello iremos a *bloques → integrados → variables* y arrastramos al lienzo el bloque **Inicializar global como,** esta vez como dato le asignaremos el valor numérico de 1 y como nombre le pondremos **IndiceFrutas**,

Ahora crearemos un evento al pulsar el botón, para ello iremos a *bloques → Screen1 → Boton1* y arrastraremos el bloque **cuando boton1 .clic ejecuta**r. Ahora dentro de este bloque pondremos todo cuanto queremos que suceda al pulsar el botón, en primer lugar necesitamos actualizar el texto de nuestra etiqueta con el valor actual del índice de nuestra lista, para ello iremos a *bloques → Screen1 → Etiqueta1* y la encajaremos justo debajo del bloque anterior, seguido iremos a *bloques → integrados → Listas* y arrastraremos el bloque **seleccionar elemento de la lista índice** y lo colocaremos a continuación del anterior. Ahora como elemento de la lista necesitamos el nombre de la misma, que en este caso es la variable frutas, para ello iremos a *bloques → integrados → variables* y arrastrará al bloque anterior tomar, y pulsando en el desplegable seleccionaremos **global frutas**. Ahora como índice necesitamos el valor de la variable creada para tal fin, para ello arrastraremos el mismo bloque que anteriormente utilizamos, pero esta vez en el desplegable seleccionaremos g**lobal IndiceFrutas**, nos tiene que quedar como la imagen.

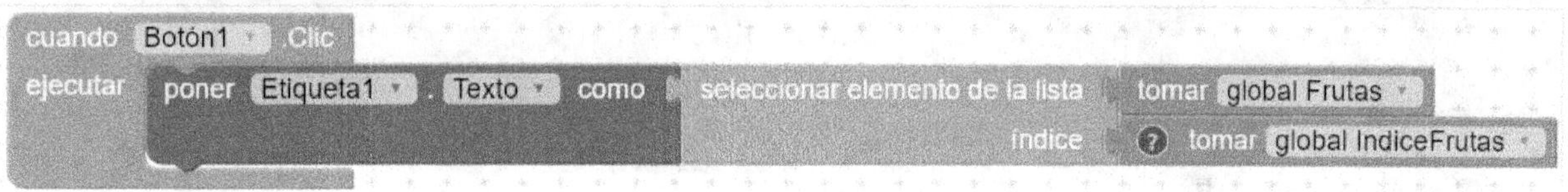

Bien ahora necesitamos incrementar la variable que utilizamos de contador para que al pulsar esta incremente su valor en 1, para ello iremos a *bloques → integrados → variables* y encajaremos justo debajo de los anteriores bloques el bloque poner a, y seguido en *bloques → integrados → matemáticas* el bloque de sumas, en este mismo bloque, en su primer hueco introduciremos la misma variable y en el segundo meteremos un 1.

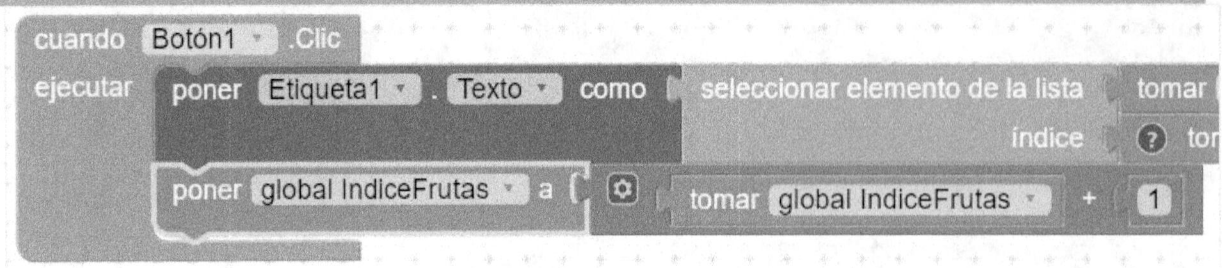

Ya casi lo tenemos, si ejecutamos nuestra aplicación veremos que funciona, hasta llegar al último índice, que al pulsar de nuevo nos mostrará un mensaje de error ya que intenta mostrar un índice que no existe *(el número 5)*, para evitar esto necesitamos decirle que si nuestra variable índice frutas es mayor de 4, que la vuelva a poner a 1, para ello utilizaremos un bloque condicional **"si"** que trataremos en siguientes tutoriales, y que por ahora solo debes saber que controlara que nuestra variable nunca valga más de 4.

Para ello iremos a *bloques → integrados → control* y arrastramos el bloque **Si** justo debajo de los anteriores, ahora iremos a *bloques → integrados → matemáticas* arrastraremos el bloque en el que tiene un signo **"="** y pulsando en la flechita seleccionaremos el comparador de mayor que **">"**, en su primer hueco pondremos la variable IndiceFrutas y en el segundo el valor de 4, más abajo en el hueco donde dice **"entonces"** que es la parte que ejecutara si es cierta la condición de más arriba, daremos el valor de uno a nuestra variable.

Ahora solo nos queda ejecutar nuestra aplicación, y ver que ahora al pulsar el botón, recorre la lista de frutas, volviendo al principio una vez llegado al final.

Uso de Listas mixtas

Podemos crear listas en App Inventor que hagan uso de varios tipos de datos, así en el anterior ejemplo en el que construimos una lista con nombres de frutas, podíamos haber incluido en la lista entre los nombre de frutas un bloque matemático, haciendo referencia a que cantidad de unidades tenemos de cada fruta. Podemos verlo mejor en la siguiente imagen.

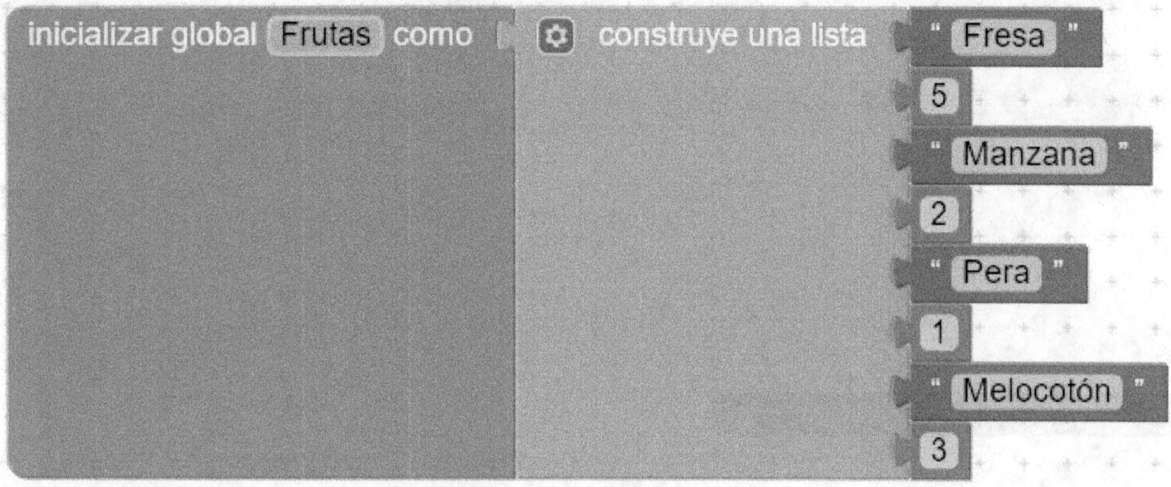

De esta manera para Fresa tendríamos 5 unidades, para Manzanas tendríamos 2 unidades, para peras 1 unidad y para melocotones 3 unidades.

Evidentemente la aplicación que construimos de ejemplo ya no nos funcionara, y tendremos con ello que hacer algunas modificaciones para poder adaptarla a la lista actual. Para ello no solo vamos a modificar los bloques, si no también tendremos que modificar el aspecto o diseño de nuestra a aplicación, a la que le añadiremos una **DisposicionHorizontal,** donde meteremos la **etiqueta** que mostraba el nombre de la fruta, y junto a esta, dos nuevas etiquetas, una que mostrara el texto **Número de piezas,** y la segunda mostrará el texto **0.**

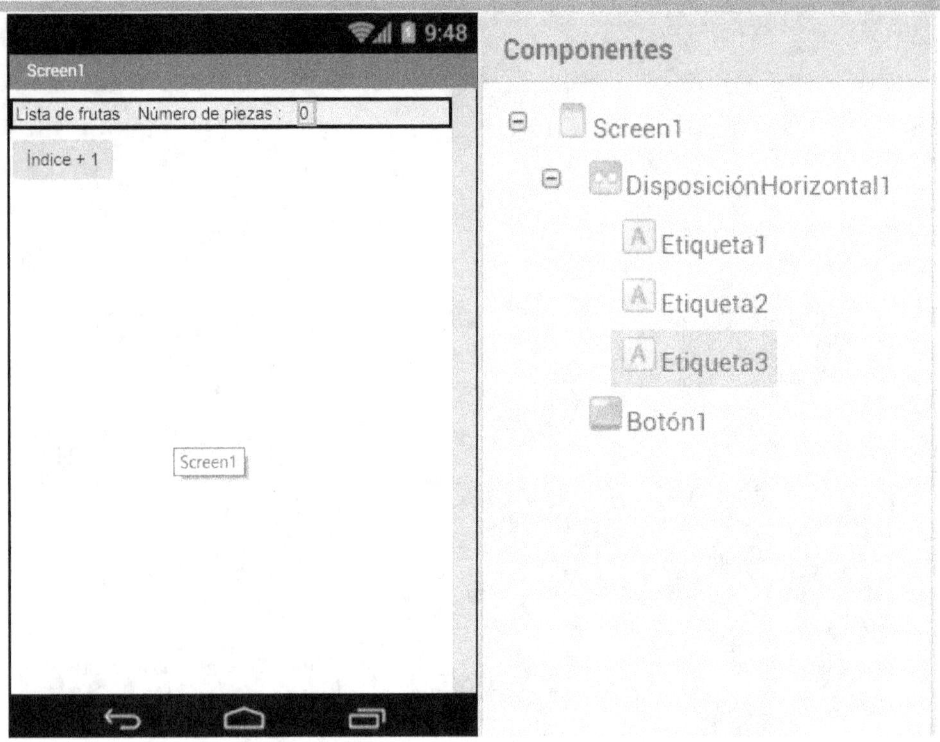

La primera modificación que vamos a realizar es que al pulsar el ***botón1*** el incremento de la variable global ***indiceFrutas*** sea de 2 en vez de uno, ya que ahora cada nombre de fruta está situado un índice mayor. Un ejemplo de ello sería el nombre manzana, que del índice 2 pasaría al 3, y para llegar a él, la variable ***indiceFrutas*** tendremos que incrementarla en 2.

Y si la variable global ***indiceFrutas*** es mayor que la longitud total menos una posición que vuelva a valer 1, ya que de lo contrario estaremos utilizando para nuestro listado de frutas un valor numérico.

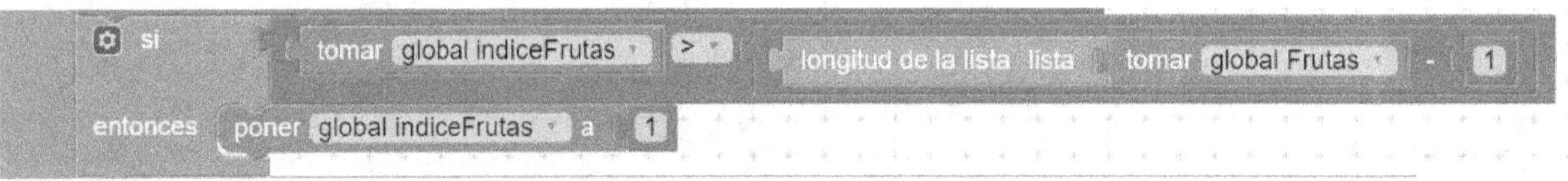

Con esto volveremos a poder hacer uso de de nuestra lista como en el anterior ejemplo, pero en este, vamos un paso más allá, y vamos a mostrar también el número de unidades de cada fruta.

Vamos a crear otra variable global que llamaremos *numeroFrutas,* para ello iremos a *bloques → integrados → variables* y arrastramos al lienzo el bloque *Inicializar global como,* esta vez como dato le asignaremos el valor numérico de 2.

Ahora en el bloque *cuando boton1.clic ejecuta* que ya teníamos, necesitamos mostrar y actualizar el texto de nuestra *etiqueta3* con el valor actual de los índices que muestran valores matemáticos, para ello iremos a *bloques → Screen1 → Etiqueta3* y la encajaremos justo debajo del bloque anterior, seguido iremos a *bloques → integrados → Listas* y arrastraremos el bloque *seleccionar elemento de la lista índice* y lo colocaremos a continuación del anterior. Ahora como elemento de la lista necesitamos el nombre de la misma, que en este caso es la *variable frutas*, para ello iremos a *bloques → integrados → variables* y arrastrará al bloque anterior tomar, y pulsando en el desplegable seleccionaremos *global frutas*. Ahora como índice necesitamos el valor de la variable creada para tal fin, para ello arrastraremos el mismo bloque que anteriormente utilizamos, pero esta vez en el desplegable seleccionaremos g*lobal numeroFrutas,* nos tiene que quedar como la imagen.

Bien ahora necesitamos incrementar la variable *global numeroFrutas* para que al pulsar el botón está incremente su valor en 1, para ello iremos a *bloques → integrados → variables* y encajaremos justo debajo de los anteriores bloques el bloque *poner global numeroFrutas a*, y seguido en *bloques → integrados → matemáticas* el bloque de sumas, en este mismo bloque, en su primer hueco introduciremos la misma variable global y en el segundo meteremos un 2.

Vamos a decirle que si nuestra variable numeroFrutas es mayor que la longitud total de la lista, que la vuelva a poner a 2, para ello utilizaremos un bloque condicional **"si"**, y que controlara que nuestra variable nunca valga más de ese valor.

Para ello iremos a *bloques → integrados → control* y arrastramos el bloque **Si** justo debajo de los anteriores, ahora iremos a *bloques → integrados → matemáticas* arrastraremos el bloque en el que tiene un signo **"="** y pulsando en la flechita seleccionaremos el comparador de mayor que **">"**, en su primer hueco pondremos la variable **numeroFrutas** y en el segundo el valor de 8, más abajo en el hueco donde dice **"entonces"** que es la parte que ejecutara si es cierta la condición de más arriba, daremos el valor de 2 a nuestra variable.

Ahora ejecuta la aplicación, y ve que ahora al pulsar el botón, recorre la lista de frutas, volviendo al principio una vez llegado al final, mostrando no solo el nombre de cada fruta, si no también la cantidad de cada una.

Listas de listas

En el ejemplo anterior hemos visto cómo podemos meter distintos datos a una lista, y la manera de acceder a ellos, pero ahora vamos a ver una manera más óptima de manejar varios datos y agruparlos, para de esta manera ser más accesibles a la hora de programar.

Vamos a modificar ligeramente el diseño de nuestra aplicación y vamos a introducir una etiqueta más en la ***DisposicionHorizontal.*** Quedando de la siguiente manera.

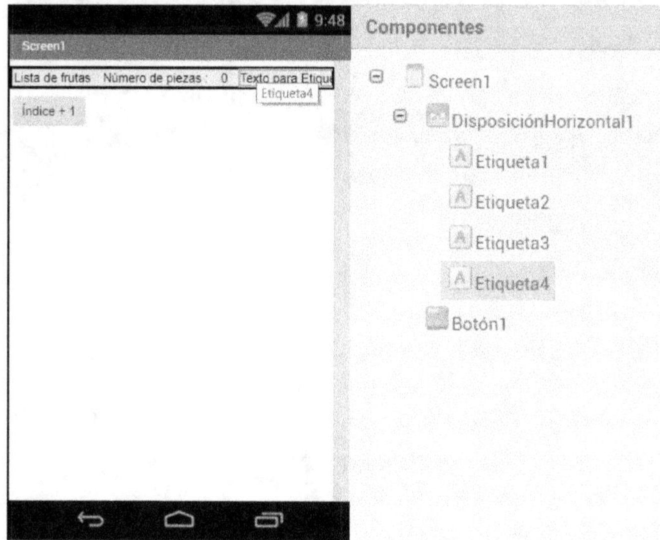

Ahora vamos a programar los bloques, para ello siguiendo con el ejemplo anterior vamos a modificar nuestra lista y vamos a crear dentro de esta una lista por cada fruta, y por cada lista creada vamos a crear tres campos, uno para el nombre de la fruta, otro para el número de unidades y el último para la procedencia del fruto en España. Tiene que quedar de la siguiente manera.

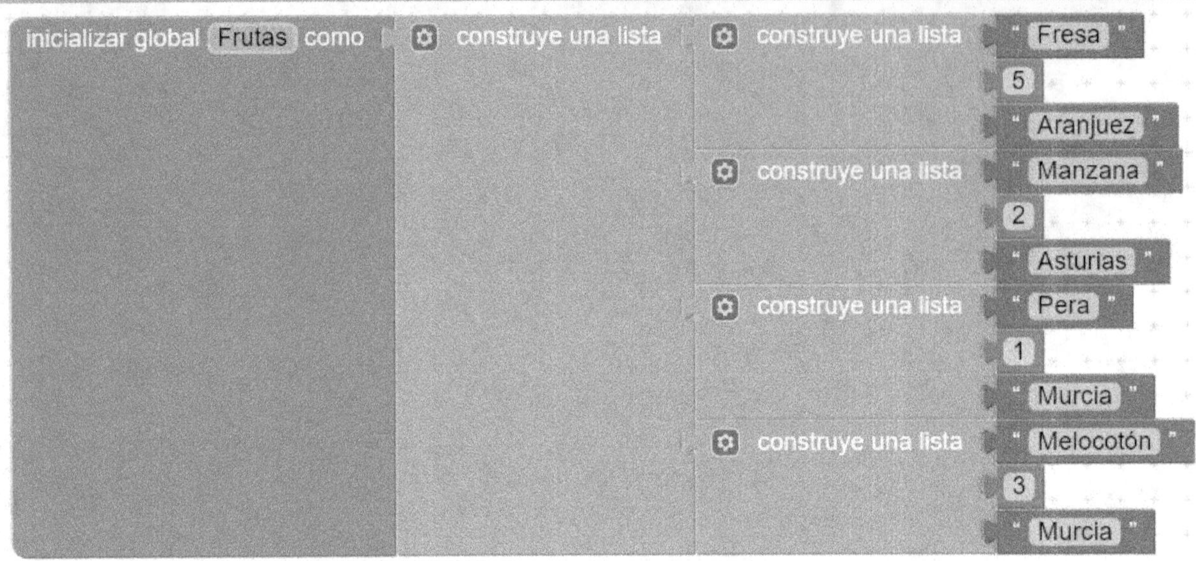

De esta manera estamos simplificando enormemente la programación y acceso a cada elemento de la lista, ya que ahora no necesitaremos dos variables para acceder a cada elemento de la lista, con una será suficiente para desplazarnos por los elementos de la misma, por eso borraremos una de nuestras variables globales *"numeroFrutas"* , dejando una única variable global *indiceFrutas* que nos ayudará a posicionarnos en cada uno de los cuatro listas nuevas.

Ahora cuando pulsemos el *boton1* pondremos la *etiqueta1* con el nombre de la fruta, *etiqueta3* con el número de piezas de esa fruta, y la *etiqueta4* con el origen de esa fruta, las tres etiquetas con el campo que le corresponda al índice que tenga en ese momento nuestra variable *indiceFrutas*, y para ello iremos a *bloques → Srceen1 → etiqueta1* y arrastraremos el bloque *poner etiqueta1.texto como*, al que uniremos un bloque seleccionar elemento de la lista índice situado en *bloques --> integrados → Listas*, en su primer hueco pondremos el mismo bloque y en el hueco del índice colocaremos el número 1 haciendo referencia a la posición del nombre, para las de mas etiquetas será exactamente igual exceptuando el índice que será un 2 para la *etiqueta3*, que mostrará el número de piezas y para la etiqueta4 que mostrará la procedencia el número 3. tiene que quedar de la siguiente manera.

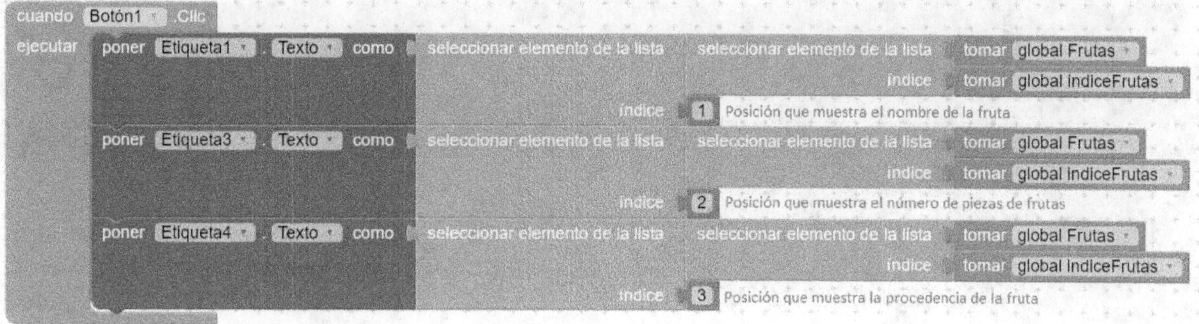

Si te fijas de esta manera solo tendremos que manejar una variable para acceder a todos los campos de una fruta.

Bien ahora necesitamos incrementar la variable que utilizamos de contador para que al pulsar esta incremente su valor en 1, para ello iremos a *bloques → integrados → variables* y encajaremos justo debajo de los anteriores bloques el bloque poner a, y seguido en *bloques → integrados → matemáticas* el bloque de sumas, en este mismo bloque, en su primer hueco introduciremos la misma variable y en el segundo meteremos un 1.

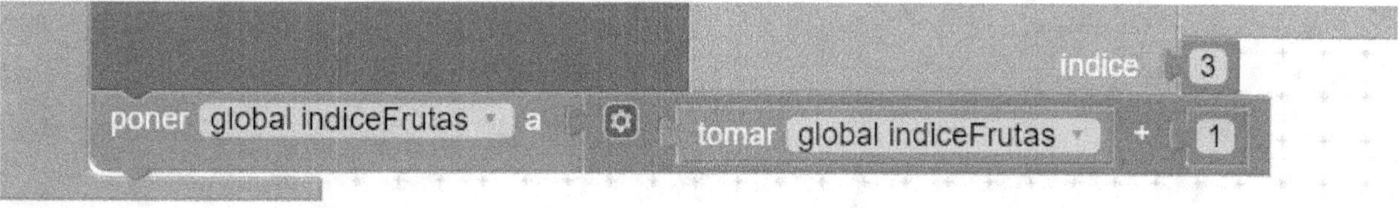

También necesitamos decirle que si nuestra variable índice frutas es mayor de 4, que la vuelva a poner a 1, para ello utilizaremos un bloque condicional *"si"*, para ello iremos a *bloques → integrados → control* y arrastramos el bloque *Si* justo debajo de los anteriores, ahora iremos a *bloques → integrados → matemáticas* arrastraremos el bloque en el que tiene un signo *"="* y pulsando en la flechita seleccionaremos el comparador de mayor que *">"*, en su primer hueco pondremos la variable *IndiceFrutas* y en el segundo el valor de 4, más abajo en el hueco donde dice *"entonces"* que es la parte que ejecutara si es cierta la condición de más arriba, daremos el valor de uno a nuestra variable.

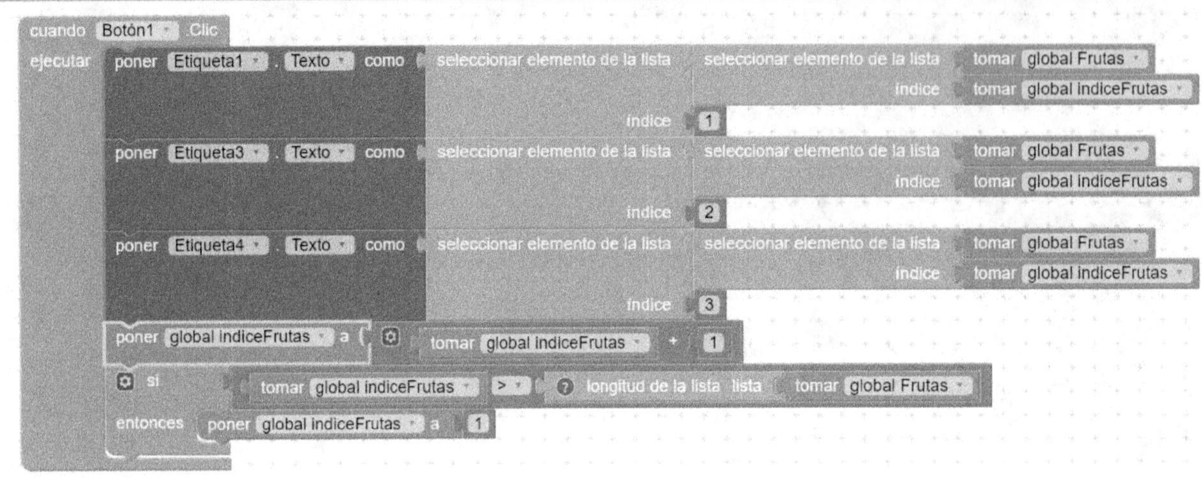

Reemplazar elementos de una lista

Continuando con nuestro ejemplo vamos a añadir una nueva funcionalidad, la de poder variar o sustituir un elemento de la lista, nuestro ejemplo hará que un valor introducido en una caja de texto, sustituye al valor de número de piezas que tenga la fruta seleccionada en ese momento, para ello vamos a ir al diseñador y crearemos un nuevo botón, y una caja de texto.

Abrimos y continuamos con el proyecto del ejemplo anterior y nos vamos a la pantalla de diseño, arrastramos a nuestro visor un campo de texto que en sus propiedades *Pista* pondremos el texto *"Número de piezas"* y marcaremos la opción de *SóloNúmeros*. Arrastraremos támbien un botón justo debajo del anterior componente y en sus propiedades *"Texto"* marcaremos la opción *Añadir*. Tiene que quedar de la siguiente manera.

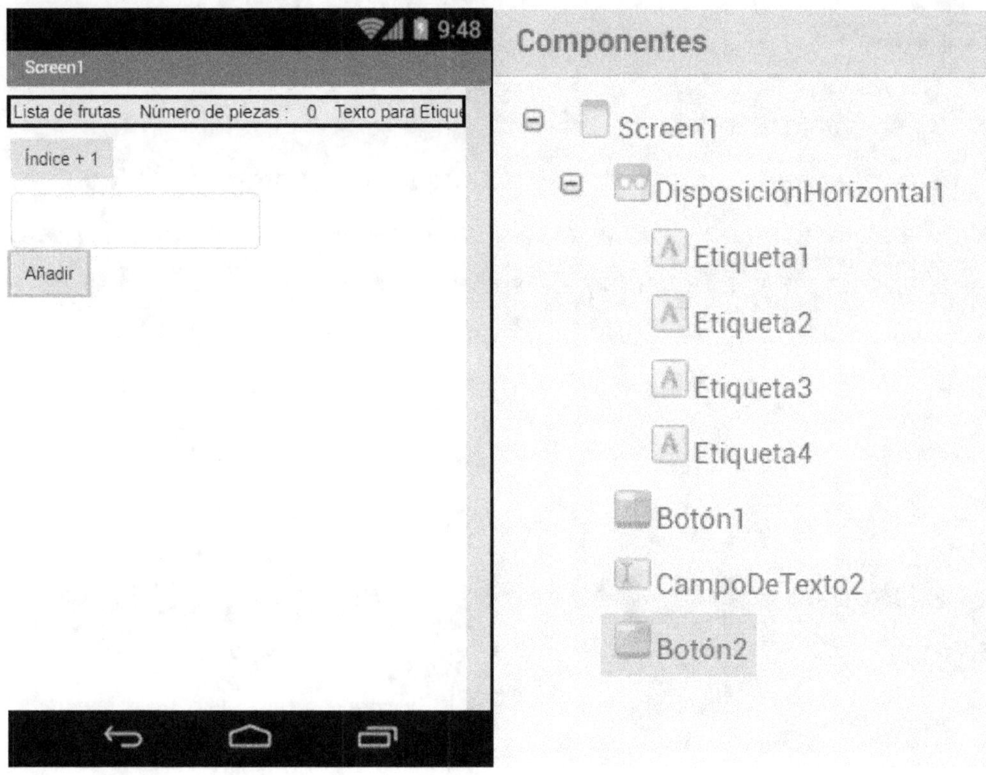

Lo que vamos a programar es que al pulsar el botón comprobaremos que el campo de texto no está vacío, si no lo está procederemos a sustituir el valor de piezas de frutas de la fruta que en ese momento esté seleccionado, en la variable *indiceFrutas.*

Vamos a *bloques→ Screen1-->botón2* y arrastramos el bloque *cuando botón2.clic ejecutar* dentro de este encajaremos el bloque condicional *SI,* para ello iremos a *bloques→ integrados→ Control* y seleccionaremos el bloque *Si entonces,* seguido lo uniremos con el bloque lógico *NO* situado en *bloques→ integrados → Lógica* al que uniremos el bloque de texto **está vacío**, situado en *bloques→ integrados→ texto* y por último para cerrar la comprobación, pondremos el texto que contenga en ese momento nuestra nueva caja de texto, para ello iremos a *bloques→ Screen1→ campoDeTexto* donde arrastraremos el bloque **CampoDetexto. Texto**. Quedará de la siguiente manera.

Bien ahora solo si no está vacío el campo de texto, modificaremos el valor de nuestra lista, para ello iremos a *bloques→ integrados→ listas* y arrastraremos el bloque **sustituye el elemento de la lista, índice, sustituto,** al que uniremos en su campo **lista** el bloque **seleccionar elemento de la lista, índice.** En su campo **índice** pondremos el bloque **matemático 2** y por último en **sustituto** pondremos el bloque **campoDeTexto.Texto** situado en *bloques→ Screen1→ CampoDeTexto.*

Ahora en el primer bloque que pusimos "**seleccionar elemento de la lista, índice**", colocaremos en su campo **lista** nuestra **variable global Frutas** y en su campo **índice** pondremos nuestra **variable global indiceFrutas**.

Ahora al ejecutar la aplicación, si metemos un valor a nuestro nuevo campo de texto, y pulsamos el botón, veremos que al recorrer la lista de nuevo, el valor de el número de piezas de la fruta seleccionada a variado. podemos cambiar el índice al que queremos sustituir, e incluso crear una variable que guarde el índice que queramos cambiar. Como ves las posibilidades con las listas son muy extensas.

Insertar elementos a una lista

En el capítulo anterior hemos visto cómo sustituir o cambiar elementos de nuestra lista, ahora vamos a ver cómo insertar elementos a una lista, para ello haremos que nuestra aplicación, al pulsar un nuevo botón añada a nuestra lista de frutas, una nueva fruta.

Cómo siempre comenzaremos por modificar el diseño de nuestra aplicación de ejemplo, a la que añadiremos un nuevo botón, al que cambiaremos sus propiedades, en **Ancho** seleccionaremos **Ajustar al contenedor** y en su propiedad **Texto** pondremos **Añadir nueva fruta**. tiene que quedar de la siguiente manera.

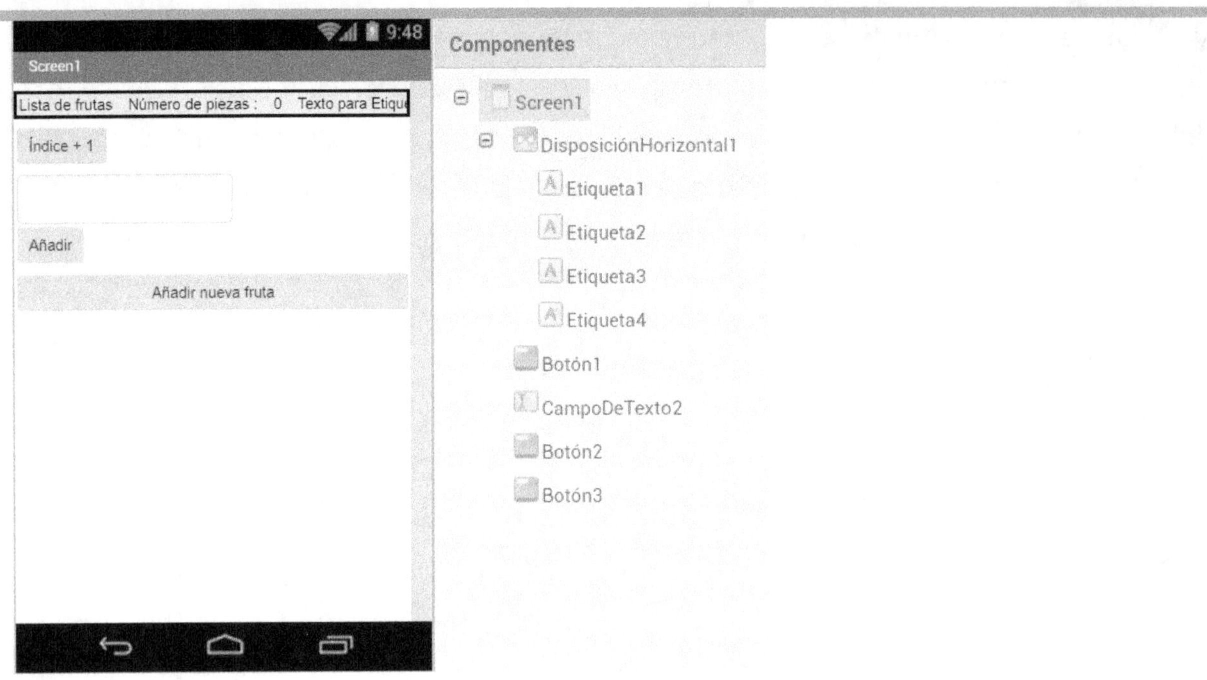

Vamos a programar nuestra aplicación, para ello nos dirigimos a la pantalla de bloques, y en primer lugar crearemos una nueva variable global a la que llamaremos *NuevaFruta*, esta nueva variable contendrá una nueva lista, donde meteremos el nombre de nuestra nueva fruta, más el número de piezas y la procedencia de la misma, para ello iremos a *bloques→ integrados→ variables* y arrastramos al lienzo el bloque *inicializar global como*, al que daremos el nombre de *NuevaFruta*, y le uniremos el bloque, *construye una lista* situado en *bloques→ integrados→ listas*. En su primer campo meteremos el nombre de Melón en su segundo campo el número 7 y en su tercer campo meteremos el nombre de Toledo, quedará de la siguiente manera.

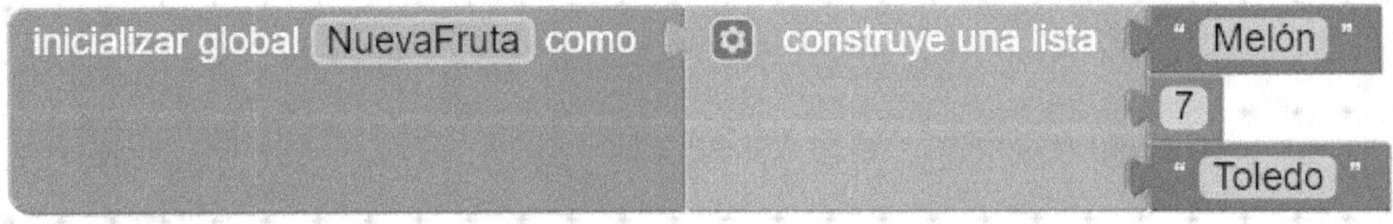

Ahora es el turno de programar nuestro nuevo botón, para ello iremos a *bloques→ Screen1 → botón3*, arrastramos al visor el bloque *cuando botón3.Clic ejecutar*, al que dentro encajaremos el bloque *insertar elemento en la lista, índice, elemento*, este bloque está en *bloques→ integrados→ listas*. En su campo *lista* meteremos nuestra *variable global frutas* que contiene nuestra lista de frutas, en el campo *índice*

meteremos el lugar que queremos que ocupe esta nueva fruta, le pondremos el valor de 2, fíjate que la posición 2 ya está ocupada por la fruta manzana, pero el hecho de decirle al programa que nuestra nueva fruta ocupe esa posición, no quiere decir que la fruta que lo ocupaba se elimine, si no que la desplaza una posición más arriba en la lista para dejar lugar a la nueva, de esta manera la nueva fruta (Melón) ocupará la posición 2 y la antigua (Manzana) la 3. Por último nos queda rellenar el último campo, que es **elemento**, aquí meteremos nuestra **variable global Nuevafruta**, que contenía la nueva fruta, todo el conjunto de bloques tiene que quedar de la siguiente manera.

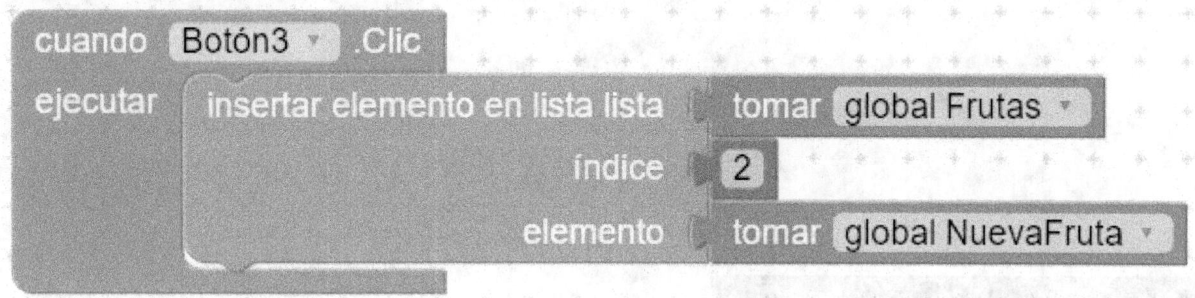

Si ejecutamos la aplicación y pulsamos en nuestro nuevo botón veremos que al recorrer de nuevo la lista se nos ha añadido una nueva, esto nos da la posibilidad de crear una aplicación en la que el usuario sea quien construye su propia lista, o modificar una ya existente para añadir nuevos elementos.

Eliminar un elemento de la lista

En algún momento de la creación de nuestra app si utilizamos listas nos puede surgir que queramos eliminar algún elemento de la misma ya bien por error del usuario o por equivocación que cree un dato erróneo o porque simplemente ese dato queda en desuso, por suerte App Inventor nos ofrece una serie de bloques que nos facilita esta tarea, vamos a ver cómo utilizarlo.

Abrimos App Inventor y continuando con nuestro ejemplo anterior vamos a modificar nuestro diseño, agregaremos un nuevo botón al que cambiaremos sus propiedades, en **Ancho** seleccionaremos **Ajustar al contenedor** y en su propiedad **Texto** pondremos **Eliminar fruta**. tiene que quedar de la siguiente manera.

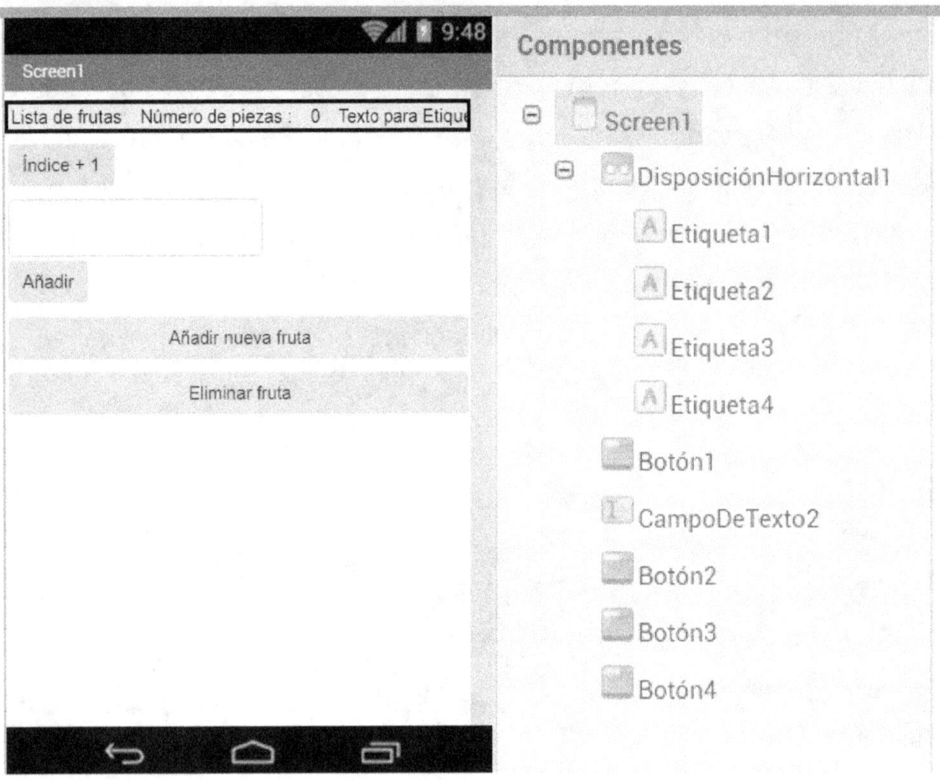

Ahora nos dirigimos a la parte de bloques y arrastramos al lienzo el bloque Cuando
Botón4.Clic ejecutar situado en *bloques → Screen1→ Botó4* y dentro añadiremos el
bloque **Eliminar elemento de la lista índice** que en su hueco lista le pondremos la
variable global Frutas que contiene nuestra lista de frutas y en su hueco índice
pondremos el valor numérico 2. De esta manera lo que haremos es que cuando
pulsemos el **botón4** eliminaremos la fruta que ocupe el índice 2 de la lista fruta. Tiene
que quedar de la siguiente manera.

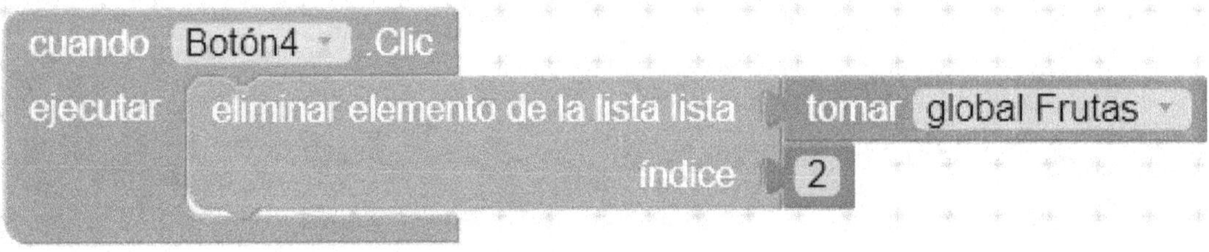

Unir dos listas

Pues como dice el título, podremos añadir una lista al final de otra de una manera simple, para ello App Inventor nos ofrece el bloque **añadir a la lista1, lista2** situado en `bloques → integrados → listas.` Vamos a ver un pequeño ejemplo añadiremos a nuestra pequeña app un nuevo botón que tendrá el texto **"Añadir listas"**, quedando el diseño de la siguiente manera.

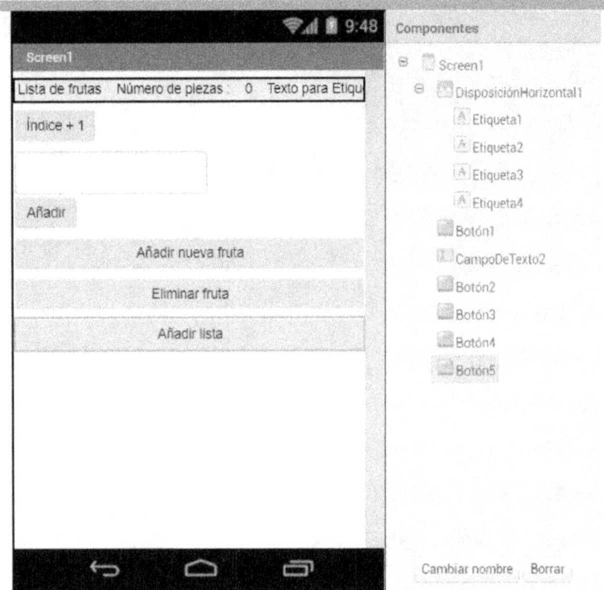

Ahora nos dirigiremos a la pantalla de bloques y lo primero que vamos hacer es crear una nueva lista igual que la que ya teníamos, pero esta contendrá una serie de frutas tropicales con su procedencia y le daremos el nombre de **AñadirFruta** quedando dela siguiente manera

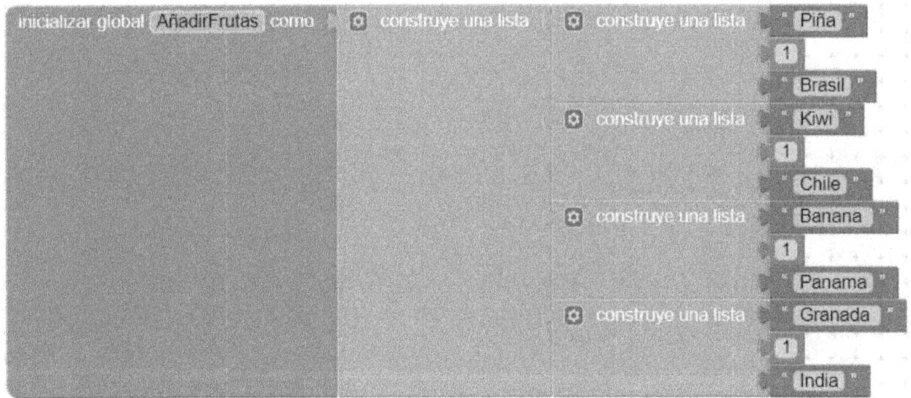

Seguido arrastraremos al lienzo el bloque **Cuando botón5.clic ejecutar** situado en *bloques → screen1 → botón5* al que añadimos dentro el bloque **añadir a la lista1, lista2,** en su primer hueco pondremos la lista **Frutas** y en su segundo hueco pondremos la lista **AñadirFruta,** quedando dela siguiente manera.

Si ejecutamos la aplicación y pulsamos en nuestro nuevo botón veremos que en nuestra lista se habrá añadido todos los elementos de nuestra nueva lista al final de la fruta que ya teníamos creada en los ejemplos anteriores.

Operadores y expresiones en App Inventor 2

En este capítulo vamos a aprender a trabajar con operadores, ya hemos visto alguno por encima en anteriores capítulo, pero ahora los veremos con más detalle. Estos son el asignacion (=), suma(+), resta (-) multiplicación(*), división(/) y módulo(%).

¿Qué es un operador?

En los lenguajes de programación de computadora, las definiciones de operador y operando son casi las mismas que las de matemáticas. Entonces podemos decir, que un operador es un símbolo matemático que indica que debe ser llevada a cabo una operación específica sobre un cierto número de operandos ya pudieran ser números o variables.

Operador de asignación.

El primer operador que vamos a ver es el de asignación, en App Inventor para asignar un valor a una variable no utilizamos el signo igual, para ello App inventor ya nos ofrece el bloque **"poner a"** de las variable (*no solo está en las variables también en distintas funciones como etiquetas, imágenes, etc)* . Este bloque asigna a la variable especificada, el valor que se añada a continuación del bloque. Vamos a ver el ejemplo.

Primero inicializando la variable global con el valor de cero, para ello iremos a *bloques→ integrados→ variables* y arrastraremos el bloque **inicializar global como** al lienzo, a esta variable le pondremos el nombre de puntos y le daremos el valor de 0.

Seguido pondremos el bloque cuando **Screen1 inicializar ejecutar** para ello iremos a *bloques→ integrados→ Screen1* y lo arrastraremos al lienzo, seguido y dentro de este bloque pondremos el bloque **poner global a**, seleccionaremos la variable que declaramos con anterioridad y le daremos el valor de 100, de esta manera estamos asignando un valor, sin utilizar el signo **"="**. Crearemos otra variable y a esta la llamaremos maxpuntos y le daremos el valor numérico de 200. Si ahora asignamos a la variable puntos la variable maxpuntos, la variable valdrá 200.

Vamos a comprobar que esto es cierto, para ello nos ayudaremos de una etiqueta, iremos a la pantalla de diseño y arrastraremos una etiqueta, para ello iremos a *paleta*

->Interfaz de usuario-> etiqueta. Una vez hecho esto en la pantalla de bloques, iremos a *bloques-> integrados -> Screen1-> Etiqueta1* y arrastrarnos el bloque poner **Etiqueta1.texto** como y seguido le asignaremos la variable puntos.

Si ejecutamos nuestro programa con nuestro método favorito veremos que el valor es 100, esto sucede porque el operador de asignación de la variable evalúa lo que tiene a su derecha, es decir, obtiene el valor del dato de su derecha y lo asigna al de la izquierda. Si llegado a este punto te estás preguntando cuál es la función del signo **igual(=)** en App Inventor, es sencillo, la de comparación, si necesitáramos saber si las dos variables son iguales en algún momento del programa utilizamos el signo de igual, veremos un ejemplo más adelante, ahora continuaremos con operadores más simples.

Operador de suma.

Para hacer sumas, App Inventor nos ofrece el bloque suma. para hacer uso de él nos dirigiremos a *bloque -> integrados -> matemáticas* y arrastraremos el bloque que contiene el signo de suma, que colocaremos en lugar de tomar la **global maxpuntos,** justo a continuación del bloque **poner global puntos a**, también podremos obtener el bloque pulsando con el botón izquierdo del ratón en cualquier parte del lienzo y escribiendo el signo más. La variable global puntos la inicializamos a 45 y seguido le añadimos en sus huecos dos bloques con valores numéricos, yo por ejemplo pondre 2 + 7, y antes de ejecutar añadiremos un tercer valor a la suma, para ello pulsaremos la rueda dentada situada en la esquina superior izquierda del bloque y veremos que podremos añadir tantos huecos nuevos como queramos, yo solo añadiré una más, al que daré el valor de 10.

inicializar global maxpuntos como 200

inicializar global puntos como 0

cuando Screen1 .Inicializar
ejecutar poner global puntos a 45
poner global puntos a 2 + 7 + 10
poner Etiqueta1 . Texto como tomar global puntos

Si ejecutamos nuestra aplicación el resultado de la operación será 19. También podríamos hacer de la siguiente manera, en este caso sustituiremos el primer operador de la suma 2, por la variable puntos, entonces, ¿Cuál será el resultado de la expresión?, muy fácil, si al inicializar puntos le asignamos el valor de 45, y después le asignamos el valor de puntos → (puntos 45) + 7 + 10 entonces el resultado será 62.

inicializar global maxpuntos como 200

inicializar global puntos como 0

cuando Screen1 .Inicializar
ejecutar poner global puntos a 45
poner global puntos a 10 + 7 + tomar global puntos
poner Etiqueta1 . Texto como tomar global puntos

Ahora haremos una copia del bloque, pulsaremos con el botón derecho del ratón sobre el bloque ***poner global puntos*** y daremos a duplicar, el conjunto de bloques duplicados lo arrastraremos justo debajo del anterior y volveremos a ejecutar la aplicación, ahora el valor que nos devuelve es 79, esto sucede porque la variable puntos ya no vale 45 si no que en la anterior operación guardo el valor de 62, y (puntos 62) + 7+ 10 devuelve 79.

```
inicializar global  maxpuntos  como  200

inicializar global  puntos  como  0

cuando  Screen1 .Inicializar
ejecutar  poner  global puntos  a  45
          poner  global puntos  a  10 + 7 + tomar global puntos
          poner  global puntos  a  10 + 7 + tomar global puntos
          poner  Etiqueta1 . Texto  como  tomar global puntos
```

Operador de resta.

Para hacer restas, App Inventor nos ofrece el bloque restas. Para hacer uso de él, primero borraremos los bloques de suma del ejemplo anterior y seguido nos dirigiremos a *bloque → integrados → matemáticas* y arrastraremos el bloque de restas que situaremos a continuación de la variable **global puntos**, también podremos obtener el bloque pulsando con el botón izquierdo del ratón en cualquier parte del lienzo y escribiendo el signo menos. Seguido le añadimos en sus huecos dos bloques con valores numéricos 10 y 7, y la variable **global puntos** la inicializamos a 45. Si nos fijamos bien en este caso el bloque de resta no ofrece la rueda dentada para añadir más huecos a la resta, pero no por ello podremos hacer restas con más de dos operandos, la solución es sencilla, meteremos el bloque de resta en el primer hueco de otro bloque de resta, y en el hueco libre meteremos la variable puntos, entonces, ¿Cuál será el resultado de la expresión?, muy fácil, si al inicializar puntos le asignamos el valor de 45, y después le asignamos el valor de puntos – (10 – 7) – (puntos 45) entonces el resultado será –42, primero se hará la resta contenida en el primer bloque y el resultado se le restará la variable. Ahora haremos una copia del bloque, pulsaremos con el botón derecho del ratón sobre el bloque *poner global puntos* y daremos a duplicar, el conjunto de bloques duplicados lo arrastraremos justo debajo del anterior y volveremos a ejecutar la aplicación, ahora el valor que nos devuelve es 45, esto sucede porque la variable puntos ya no vale -42 si no que en la anterior operación guardo el valor de -42, y (10 − 7) − (puntos -42) devuelve 45.

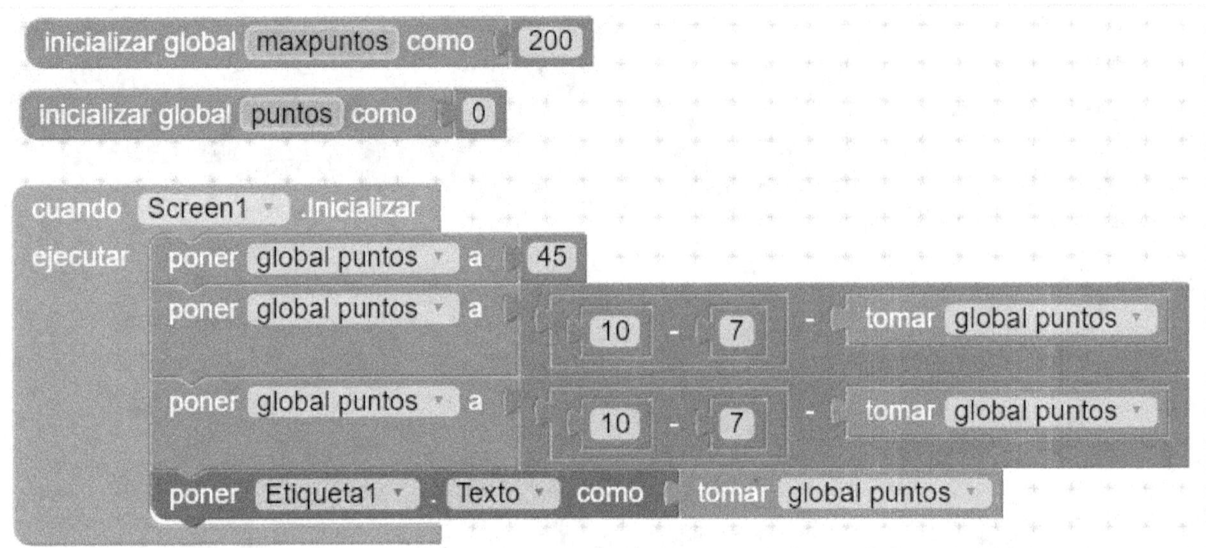

Operador de multiplicación.

Para hacer multiplicaciones, App Inventor nos ofrece el bloque multiplicar. Para hacer uso de primero borraremos los bloques de suma del ejemplo anterior y seguido nos dirigiremos a *bloque → integrados → matemáticas* y arrastraremos el bloque que contiene el signo de multiplicación (*), que colocaremos a continuación del bloque *poner global puntos a*, también podremos obtener el bloque pulsando con el botón izquierdo del ratón en cualquier parte del lienzo y escribiendo el signo *. Seguido le añadimos en sus huecos dos bloques con valores numéricos, yo por ejemplo pondre 2 * 7, y antes de ejecutar añadiremos un tercer valor a la multiplicación, para ello pulsaremos la rueda dentada situada en la esquina superior izquierda del bloque, veremos que podremos añadir tantos huecos nuevos como queramos, yo solo añadiré una más al que daré el valor de 10, si ejecutamos nuestra aplicación el resultado de la operación será 140. Tambien podriamos hacer de la siguiente manera, en este caso sustituiremos el primer operador de la multiplicación 2, por la variable puntos, entonces, ¿Cuál será el resultado de la expresión?, muy fácil, si al inicializar puntos le asignamos el valor de 45, y después le asignamos el valor de puntos → (puntos 45) * 7 * 10 entonces el resultado será 3150. Ahora haremos una copia del bloque, pulsaremos con el botón derecho del ratón sobre el bloque **poner global puntos** y daremos a duplicar, el conjunto de bloques duplicados lo arrastraremos justo debajo del anterior y volveremos a ejecutar la aplicación, ahora el valor que nos devuelve es 220500, esto sucede porque la variable puntos ya no vale 45 si no que en la anterior operación guardo el valor de 3150, y (puntos 3150) * 7* 10 devuelve 220500.

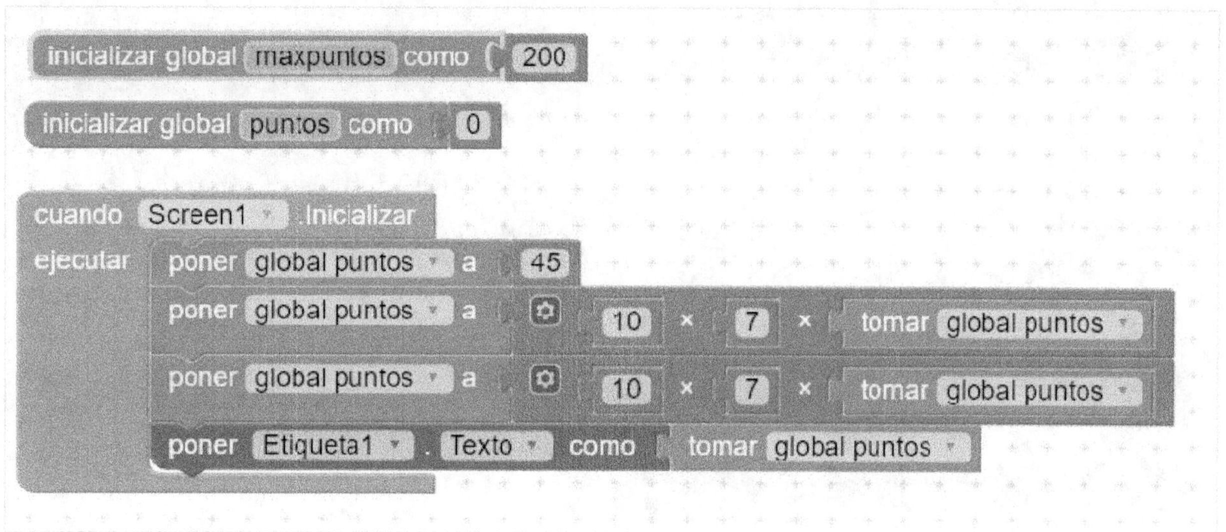

Operador de división.

Para hacer división, App Inventor nos ofrece el bloque división (/). para hacer uso de primero borraremos los bloques de multiplicación del ejemplo anterior y seguido nos dirigiremos a *bloque → integrados → matemáticas* y arrastraremos el bloque que contiene el signo de división(/), que colocaremos a continuación del bloque poner global puntos a, también podremos obtener el bloque pulsando con el botón izquierdo del ratón en cualquier parte del lienzo y escribiendo el signo división. Seguido le añadimos en sus huecos dos bloques con valores numéricos, yo por ejemplo pondre 10 / 7, si ejecutamos nuestra aplicación el resultado de la operación será 1.42857.

Si nos fijamos bien en este caso el bloque de división no ofrece la rueda dentada para añadir más huecos a la división, pero no por ello podremos hacer divisiones con más de dos operandos, la solución es sencilla, meteremos el bloque de división en el primer hueco de otro bloque de división, y en el hueco libre meteremos la variable puntos, entonces, ¿Cuál será el resultado de la expresión?, muy fácil, si al inicializar puntos le asignamos el valor de 45, y después le asignamos el valor de puntos - (10 / 7) / (puntos 45) entonces el resultado será 0.03175, primero se hará la división contenida en el primer bloque y el resultado se le dividirá la variable. Ahora haremos una copia del bloque, pulsaremos con el botón derecho del ratón sobre el bloque poner global puntos y daremos a duplicar, el conjunto de bloques duplicados lo arrastraremos justo debajo del anterior y volveremos a ejecutar la aplicación, ahora el valor que nos devuelve es 45, esto sucede porque la variable puntos ya no vale 45 si no que en la anterior operación guardo el valor de 0.03175, y (10 / 7) / (puntos 0.03175) devuelve 45.

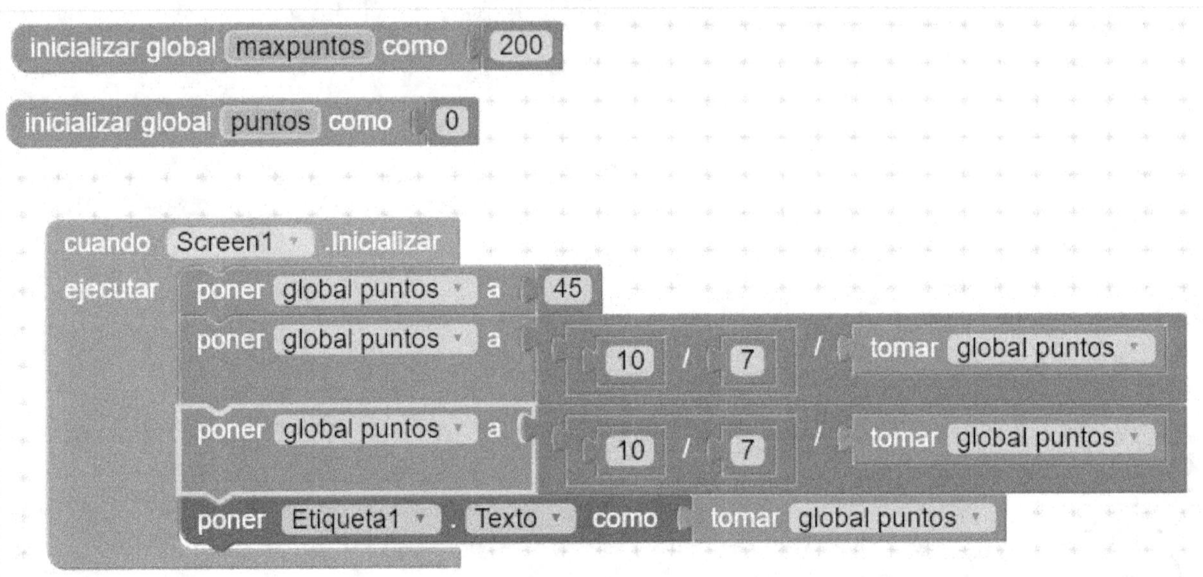

Operador de modulo.

En informática, la operación de módulo obtiene el resto de la división de un número por otro.

Si tenemos dos números positivos, a y b, a módulo b nos dará el resto de la división entre ellos. Por ejemplo, la expresión "5 módulo de 2" se evaluaría a 1 porque 5 dividido por 2 da un cociente de 2 y un resto de 1.

Para hacer módulos, App Inventor nos ofrece el bloque **modulo de**. para hacer uso de él nos dirigiremos a *bloque → integrados → matemáticas* y arrastraremos el bloque que contiene **modulo de**, que colocaremos en lugar de tomar la global maxpuntos, justo a continuación del bloque **poner global puntos a**, también podremos obtener el bloque pulsando con el botón izquierdo del ratón en cualquier parte del lienzo y escribiendo **módulo de**. Seguido le añadimos en sus huecos dos bloques con valores numéricos, yo por ejemplo pondre 10 / 7, si ejecutamos nuestra aplicación el resultado de la operación será 3.

Operadores lógicos AND, OR.

¿QUE ES UNA TABLA DE LA VERDAD?

Una tabla de verdad o tabla de valores de verdad, es una tabla que muestra el valor de verdad de una proposición compuesta, por cada combinación de valores de verdad que se puede asignar a sus componentes. Los valores posibles son dos verdadero y falso y pueden expresarse como 1 y 0.

VARIABLE A	VARIABLE B	RESULTADO OPERADOR AND
VERDADERO	VERDADERO	VERDADERO
VERDADERO	FALSO	FALSO
FALSO	VERDADERO	FALSO
FALSO	FALSO	FALSO

VARIABLE A	VARIABLE B	RESULTADO OPERADOR OR
VERDADERO	VERDADERO	VERDADERO
VERDADERO	FALSO	VERDADERO
FALSO	VERDADERO	VERDADERO
FALSO	FALSO	FALSO

Trabajando con operadores lógicos, bloque Y (AND).

Bien vamos a ver un ejemplo que nos ayudará a entender la función y manejo de estos operadores. Nos valdremos de cuatro variables, y cada una le daremos un valor **booleano, cierto o falso**. Después al iniciar la pantalla dependiendo de las variables que coloquemos en el operador **Y (AND)**, nos devolverá un resultado **CIERTO o FALSO**, que mostraremos por la pantalla de nuestro dispositivo, ayudándonos por una etiqueta.

Bien antes de empezar abriremos un nuevo proyecto, al que pondremos un nombre, yo en mi caso le pondré Operadoreslogicos2, pero vosotros le podéis poner el nombre que queráis, seguido nos iremos a la pantalla de diseño donde prepararemos nuestro diseño, para ello esta vez nos valdremos de dos etiquetas, que pondremos una debajo de la otra, para ello como siempre iremos a *PALETA → INTERFAZ DE USUARIO → ETIQUETA.*

en la primera la que quede más arriba pondremos en sus *propiedades → texto EL RESULTADO ES :* y en tamaño de letra le pondremos **24** y en la segunda solo cambiaremos en sus propiedades el tamaño de letra que también pondremos en **24**. Una vez realizado esto no dirigimos a la pantalla de bloques y inicializamos 4 variables globales, la primera variable le pondremos el nombre de **EsDeDia** y le asignaremos el valor de **true**, ya que en el momento en el que escribía este capítulo es de día, a la segunda le pondremos de nombre **EsDeNoche** y le asignamos el valor de **false**, ya que como he dicho es de día y por lo tanto no es de noche, a la tercera variable le pondremos el nombre **EsLaMañana** y le asignaremos el valor de **true**, ya que es de día y por la mañana y a la cuarta y última le pondremos el nombre de **EsLaTarde** y le asignamos el valor de **false** ya que es de día y es por la mañana, bien debería de quedarnos de la siguiente manera.

Ahora arrastraremos el bloque, **cuando Screen inicializar ejecutar** al lienzo para que en el momento que inicie nuestra aplicación muestre el resultado de nuestras expresiones, y para ello utilizaremos el bloque **poner etiqueta2.Texto como** y le uniremos el bloque **Y (AND)** que en sus dos huecos meteremos dos variables, comenzaremos metiendo la variable **EsDeDia** y **EsLTarde**, tiene que quedarnos de la siguiente manera.

Si ejecutamos nuestra aplicación el resultado será **FALSE**, ya que el bloque **Y (AND)** evalua las dos expresiones y devuelve **TRUE** sólo si las dos expresiones son verdaderas, vamos a ver el ejemplo cambiaremos la variable del bloque Y por la variable **EsLaMañana** y volveremos a ejecutar nuestra aplicación, en este caso el valor devuelto es **TRUE** ya que las dos expresiones son verdaderas.

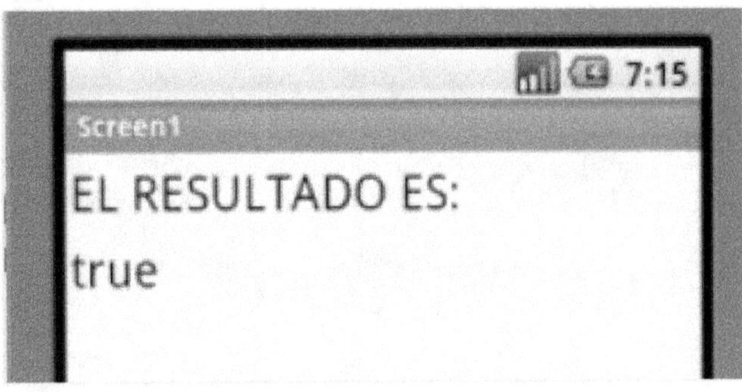

*Probar todas las combinaciones posibles y comparar el resultado con la tabla de la verdad del operador **AND** que mostré en el principio de este capítulo, veréis que los resultados son los mismos.*

Trabajando con operadores lógicos bloque O (OR).

Vamos a ver cómo se trabaja con el bloque *O (OR)* este bloque evaluará las dos variables que contenga en sus dos huecos y devolverá ***true*** si al menos una de ellas es cierta si las dos son falsas devolverá ***falso***, para ello eliminaremos el bloque *Y* que teníamos anteriormente y en su lugar pondremos el bloque *O (OR)* ,en este ejemplo utilizaremos en el primer hueco la variable global *EsDeDia* y La variable global *EsDeNoche* que pondremos en el segundo hueco.

si ejecutamos la aplicación veremos que el resultado es *cierto*, como ya hemos dicho el bloque *O* devolverá *cierto* si al menos uno de los dos es cierto, ahora cambiaremos la variable *EsDeDia* por *EsLaTarde* y volvemos a ejecutar nuestra aplicación veremos que nos devolverá *false*, ya que ninguna de las dos variables son ciertas, y al menos necesitamos una de ella como cierta para que nos devuelva cierto.

También podremos asignar a una variable un resultado de una expresión con los bloques *O (OR)* y *Y(AND)* como si de un resultado matemático fuera, para ello crearemos una variable global nueva y le pondremos el nombre de *ResultadoBooleano* y le asignaremos el valor de *false*, ahora en el bloque *Cuando screen1 inicializar* pondremos esta misma variable y le asignaremos el bloque situado en la etiqueta, cambiando sus dos variables por las de *EsDeDia* y *EsLaMañana*, ahora al bloque *etiqueta2* le asignaremos la nueva variable. Nos tiene que quedar como la siguiente imagen.

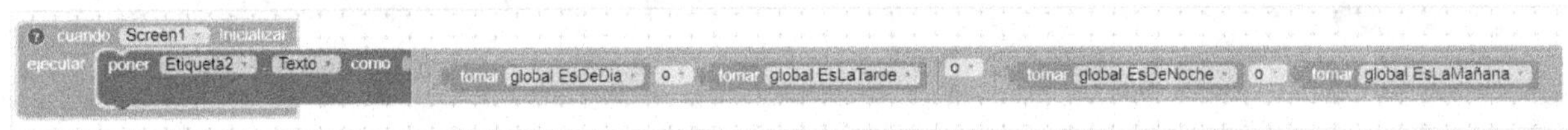

Al igual que en las operaciones matemáticas podremos tener más de dos expresiones booleanas incluso combinar bloque *O y Y* para de esta forma obtener un resultado, dependiendo de cualquier situación, para ver un ejemplo podríamos obtener un valor *true* independientemente si es de día y es por la tarde o es de noche y por la mañana, veamos un ejemplo, para ello borraremos todo lo anterior arrastrándolo a la papelera de reciclaje, menos nuestro bloque de etiqueta, ahora arrastraremos un bloque *O* y lo uniremos al bloque de la etiqueta, seguido situaremos de nuevo un bloque *O* dentro del primer hueco del anterior y en el segundo hueco arrastraremos nuevamente un bloque *O*, y los configuraremos de la siguiente manera, *EsDeDia O EsLaTarde O EsDeNoche O EsDeMañana*, nos tiene que quedar de la siguiente manera.

Si ejecutamos la aplicación el resultado que nos devuelve el conjunto de operaciones es true.

Operadores de comparación.

Ahora veremos los operadores de comparación, estos operadores devuelven un valor lógico, verdadero o falso, y nos van a permitir comparar desde una cadena de texto, números, pasando por variables booleanas. Estos son los operadores de comparación en App Inventor: *igual, distinto de, mayor que, menor que, mayor o igual a y menor o igual que*. Vamos a ver unos cuantos ejemplos. Para ello crearemos 2 nuevas variables a las que llamaremos *ComparadorUno y ComparadorDos*. Y le asignaremos los siguientes valores en el mismo orden *1 y 5*.

Nos tiene que quedar de la siguiente manera.

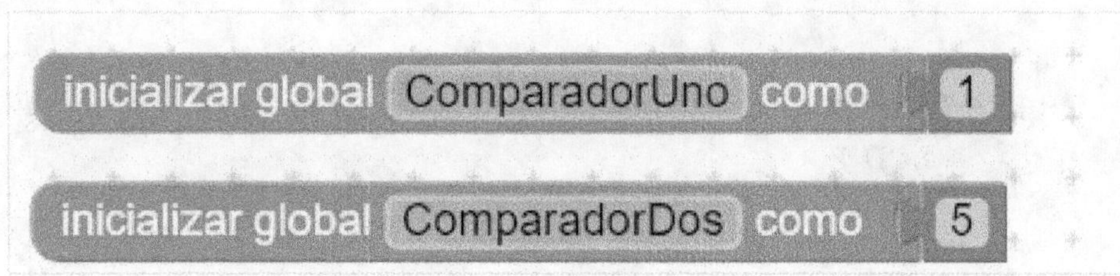

Operador igual.

Ahora borraremos los bloques que acompañan a la etiqueta que nos muestra los resultados y en su lugar pondremos el bloque de igual situado en *bloques → integrados → matemáticas.* Y en su primer hueco pondremos el **ComparadorUno** y en el segundo hueco la variable **ComparadorDos**, nos tiene que quedar de la siguiente manera.

Si ejecutamos nuestra aplicación, veremos que el operador compara si son iguales las dos variables, en caso cierto devolverá true en caso contrario devolverá false, en nuestro ejemplo como **ComparadorUno vale 1 y ComparadorDos vale 5**, no son iguales, por tanto devolverá *false*.

Operador distinto que.

Ahora pulsaremos en la flecha situada al lado de el signo igual y seleccionaremos el símbolo distinto que.

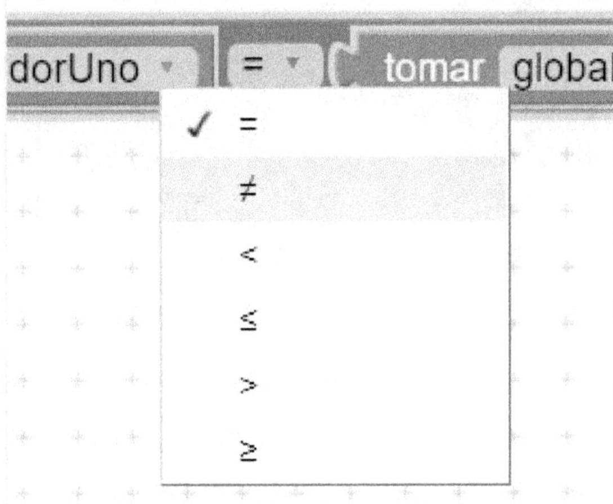

Y volveremos a ejecutar nuestra aplicación, esta vez el resultado será **cierto**, ya que ninguna de las dos variables es igual, por lo tanto son distintas y el operador nos devuelve **true**.

Operador menor que.

Vamos a ver el bloque de comparador **menor que**. Para ello pinchamos en la flecha que está a continuación del símbolo y seleccionamos el símbolo menor que.

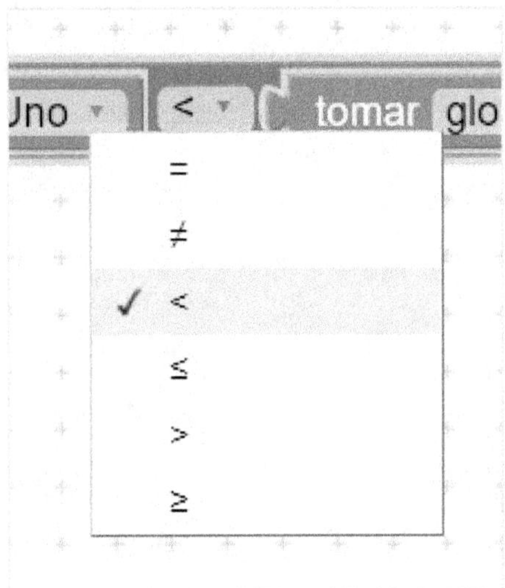

Y volveremos a ejecutar nuestra aplicación, esta vez el resultado será *cierto* ya que *ComparadorUno es menor que ComparadorDos*.

Operador mayor que.

Ahora vamos a ver el comparador de *mayor que*, para ello haremos como hasta ahora pulsaremos en la flecha situada a la derecha del símbolo y seleccionamos el símbolo *mayor que*.

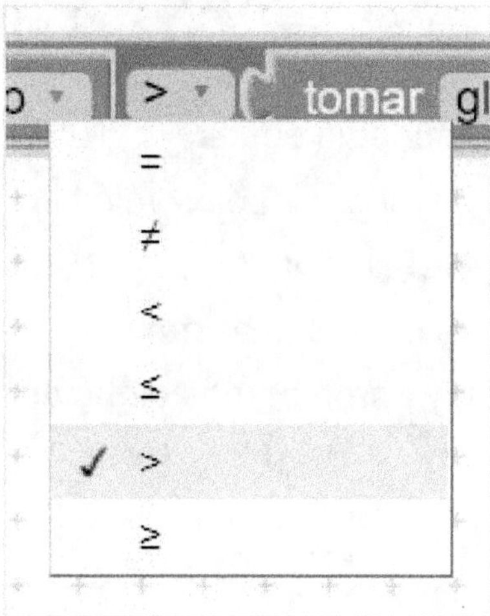

Y una vez más volveremos a ejecutar nuestra aplicación con vuestro método favorito, esta vez el resultado será *falso* ya que *ComparadorUno* es menor que *ComparadorDos*, y por tanto la condición *no será cierta*.

Operador menor o igual que.

Ahora vamos a ver el comparador de *menor o igual que*, este operador devolverá *cierto* cuando la primera variable sea *menor o incluso igual que la segunda*, vamos a ver un ejemplo, pulsaremos en la flecha situada a la derecha del símbolo y seleccionamos el símbolo *menor o igual que*.

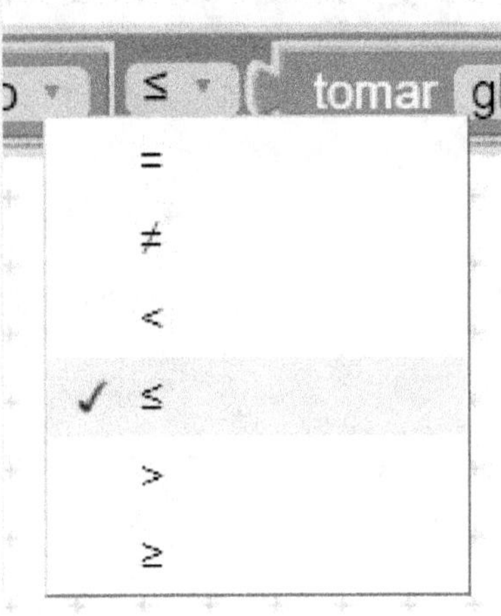

Si ejecutamos la aplicación el resultado será verdadero, como sucedía con el comparador menor que, pero también nos devolverá cierto si las dos variables valen lo mismo, podemos hacer la prueba cambiando el valor de alguna de las variables por el de la otra, si ejecutamos veremos qué ahora ninguna de las dos variables es mayor o menor que la otra, pero el valor será cierto, porque son iguales, y como hemos dicho el comparador devolverá cierto si es menor o igual.

Operador mayor o igual que.

Ahora vamos a ver el comparador de *mayor o igual que*, este operador devolverá *cierto* cuando la primera variable sea *mayor o incluso igual que la segunda*, vamos a ver un ejemplo, pulsaremos en la flecha situada a la derecha del símbolo y seleccionamos el símbolo *mayor o igual que*.

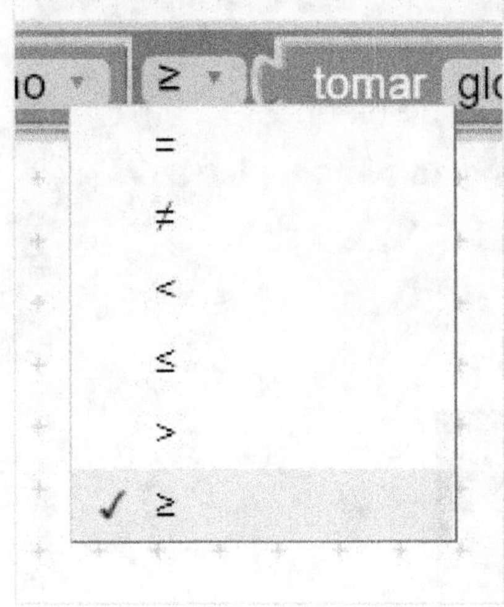

Si ejecutamos la aplicación el resultado será **verdadero**, ya que ahora mismo las dos variables valen lo mismo, y como sucedía en el ejemplo anterior devuelve **cierto**, vamos a cambiar el valor de la segunda variable, le daremos el valor de 1 y volvemos a ejecutar la aplicación, el resultado es **cierto**, ya que el **ComparadorUno es mayor que ComparadorDos.**

Bueno con esto creo que quedan vistos los operadores lógicos y de comparación. *Podéis cambiar el valor de las variables cambiarlas por otras, en fin cualquier combinación para ver y comprender mejor su finalidad.*

Condicional If en App Inventor 2.

En este capítulo continuaremos con el curso de programación de aplicaciones móviles en App inventor 2, y esta vez veremos el uso y funcionamiento del condicional *"IF"*, lo que hará este comando es ejecutar una o varias instrucciones si y sólo, si la condición que pongamos a continuación de este comando es *cierta "VERDADERO"*.

Bien como siempre vamos a ver algún ejemplo para que lo entendamos mejor.

Lo primero que vamos a hacer es crear un nuevo proyecto al que yo le llamaremos *CONDICIONALIF*, a estas alturas ya deberías de saber crear un nuevo proyecto, a si que no me detendré en explicar cómo hacerlo..

Una vez abierto nuestro proyecto, nos dirigiremos a la pantalla de diseño, y arrastraremos una etiqueta, en sus propiedades pondremos el **tamaño de letra en 24**, y en el texto lo dejaremos vacío.

Bien una vez creado nuestro diseño pasaremos a la pantalla de bloques para crear la lógica de nuestra aplicación. Lo primero que haremos es crear una *variable global* a la que daremos el nombre de edad, y le daremos el valor numérico de 18, seguido arrastraremos el bloque, *cuando screen1 inicializa* y meteremos dentro un bloque, *si entonces*, para ello iremos a *bloques → integrados → control.* y lo encajaremos en el bloque *cuando screen1 inicializa*, seguido iremos a *bloques → integrados → matemáticas* y arrastraremos el bloque de comparación, al que pulsaremos en su flecha situada en el centro al lado del igual, y lo cambiaremos por el de *mayor o igual que*, en el primer hueco del bloque meteremos la variable anteriormente creada, *edad*, y en el segundo hueco el valor de 18, una vez hecho esto a continuación del entonces, encajaremos el bloque *poner etiqueta1.texto como*, y la uniremos con un bloque de texto que en su interior contenga la frase *"eres mayor de edad"* tiene que quedarnos de la siguiente manera.

Bien si ejecutamos nuestra aplicación, veremos que el mensaje que muestra en nuestra pantalla es *"eres mayor de edad"*, esto sucede porque el bloque *SI* evalúa la expresión, si la variable edad es mayor o igual que 18, y como en nuestro caso devuelve un valor lógico de verdadero, ejecuta la acción que tiene a continuación de *ENTONCES*. Si nosotros cambiamos el valor de la variable edad por 15 y volvemos a ejecutar la aplicación, veremos que la etiqueta no muestra ningún mensaje, ya que el valor de la expresión de comparación sería *falsa*, y no se ejecutaría el código del *ENTONCES*.

Bien, viendo el caso de que la condición pueda ser falsa, podemos también ejecutar un código en concreto, para ello pulsaremos en la rueda dentada del bloque *SI* y arrastraremos el bloque *si no* debajo del *SÍ*, y encajaremos en el el bloque *poner etiqueta1.texto como* y la uniremos con un bloque de texto que en su interior contenga la frase *"Lo siento no eres mayor de edad"* tiene que quedarnos de la siguiente manera.

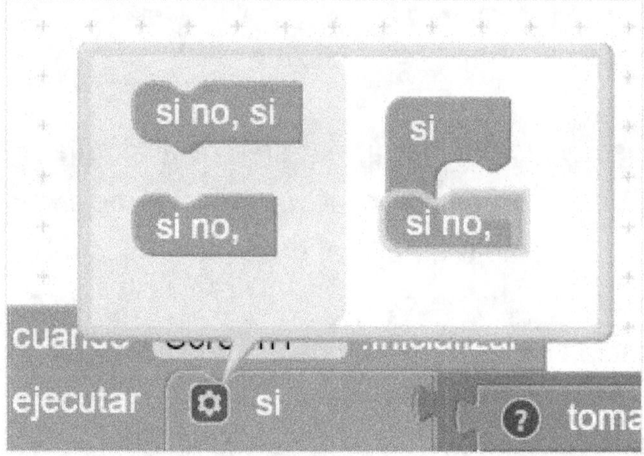

Si ejecutamos veremos que el mensaje que muestra en nuestra pantalla es *"Lo siento no eres mayor de edad"*.

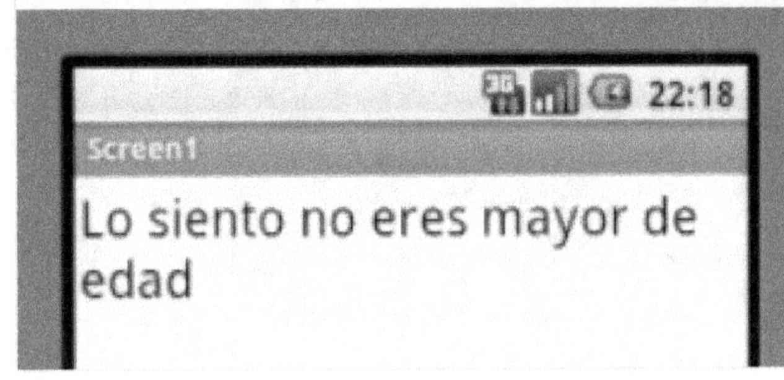

 esto sucede porque el bloque *SI* evalúa la expresión, *si la variable edad es mayor o igual que 18*, y como en nuestro caso devuelve un valor lógico de *falso*, ejecuta la acción que tiene a continuación de *SÍ NO*.

Vamos a volver a pulsar en la rueda dentada del bloque *SI* y arrastraremos el bloque *si no, si* debajo del *SÍ*, y arrastraremos el bloque de comparación, al que pulsaremos en su flecha situada en el centro al lado del igual, y lo cambiaremos por el de menor o igual que, en el primer hueco del bloque meteremos la variable edad, y en el segundo hueco el valor de 0, una vez hecho esto a continuación del entonces, encajaremos el bloque *poner etiqueta1.texto como*, y la uniremos con un bloque de texto que en su interior contenga la frase *"Lo siento tienes que meter un valor positivo"* tiene que quedarnos de la siguiente manera.

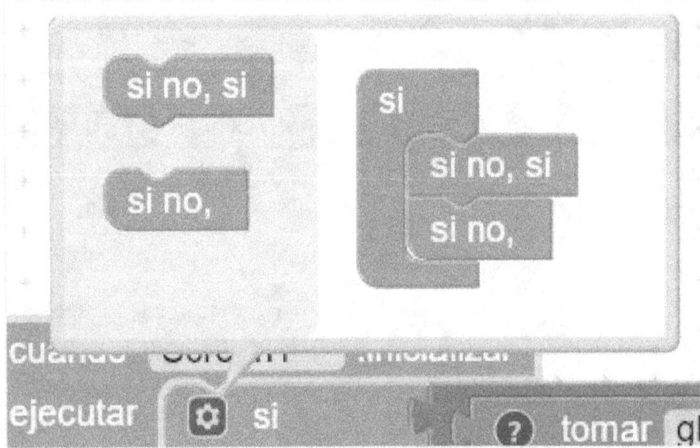

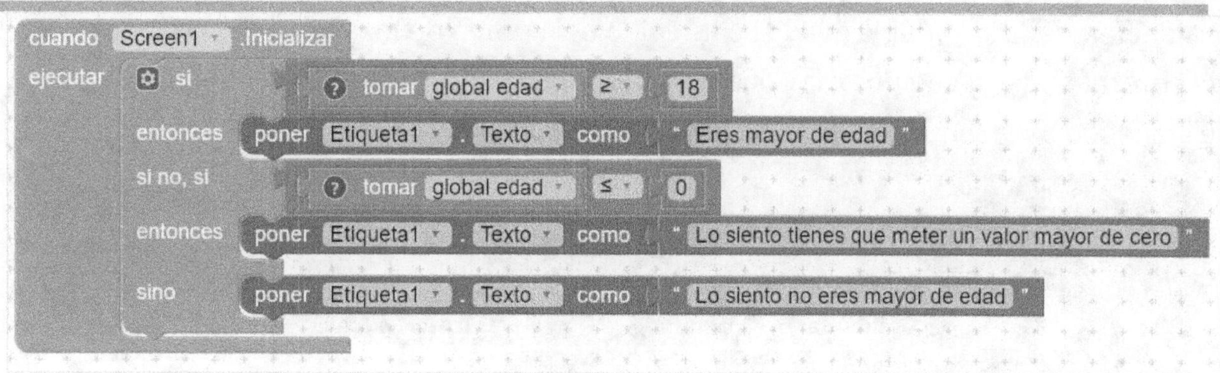

Si cambiamos el valor de inicialización de la variable edad por 0 y ejecutamos nuestra aplicación, veremos que el resultado en pantalla es el texto, *"Lo siento tienes que meter un valor positivo"*, esto sucede porque nuestro codigo evalua la primera expresión, al ser falsa pasa a la segunda *("si no, si)* que evaluará una segunda condición, en este caso que sea igual o menor de 0, como es cierta mostrará el mensaje en la etiqueta, pero si fuera también falsa entonces pasariamos al bloque *("SI NO")*.

Bien vamos ahora a modificar nuestro diseño para hacerlo más atractivo visualmente y ver una posible aplicación utilizando nuestro condicional si.

Vamos a añadir un campo de texto a nuestra pantalla y un botón quedando estos dos por encima de la etiqueta que anteriormente ya pusimos, nos tienen que quedar de la siguiente manera.

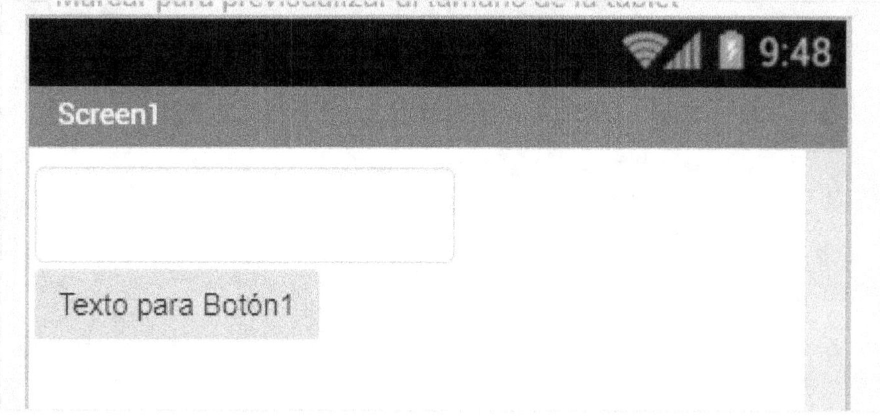

Ahora en la pantalla de bloques añadiremos un nuevo bloque iremos a *bloques→ integrados → boton1* y arrastramos el bloque **cuando boton1.click ejecutar** dónde asignaremos a la variable edad el contenido del campo de texto y arrastraremos todo el contenido del si que pusimos dentro del bloque cuando inicializando la pantalla, eliminando ese bloque, quedará de la siguiente manera.

Al ejecutar nuestra aplicación veremos que podemos poner una edad en la caja de texto y al pulsar al botón dependiendo de la edad saldrá un mensaje de texto diferente.

Bucles (WHILE) en App Inventor 2.

¿QUE ES UN BUCLE MIENTRAS (WHILE)?.

Esta instrucción o bloque nos permite ejecutar unos bloques continuamente a modo de bucle, siempre que la condición lógica que se le asigne a dicho bloque, sea cierta.

Lo mejor es verlo como siempre con un ejemplo y lo entenderemos mejor.

Lo primero antes de nada será crear nuestro proyecto, yo en mi caso le he llamado *BucleWhile*, vosotros como siempre le podéis poner el nombre que más os guste.

Seguido diseñaremos nuestro layout, del que solo nos bastará con una etiqueta, para ello arrastraremos una etiqueta al diseño y en sus propiedades le cambiaremos el tamaño de letra, que le pondremos 20, en la propiedad ancho, le pondremos ajustar al contenedor y en la posición del texto escogeremos centro, también cambiaremos el texto que viene por defecto y le pondremos para nuestro ejemplo un "0".

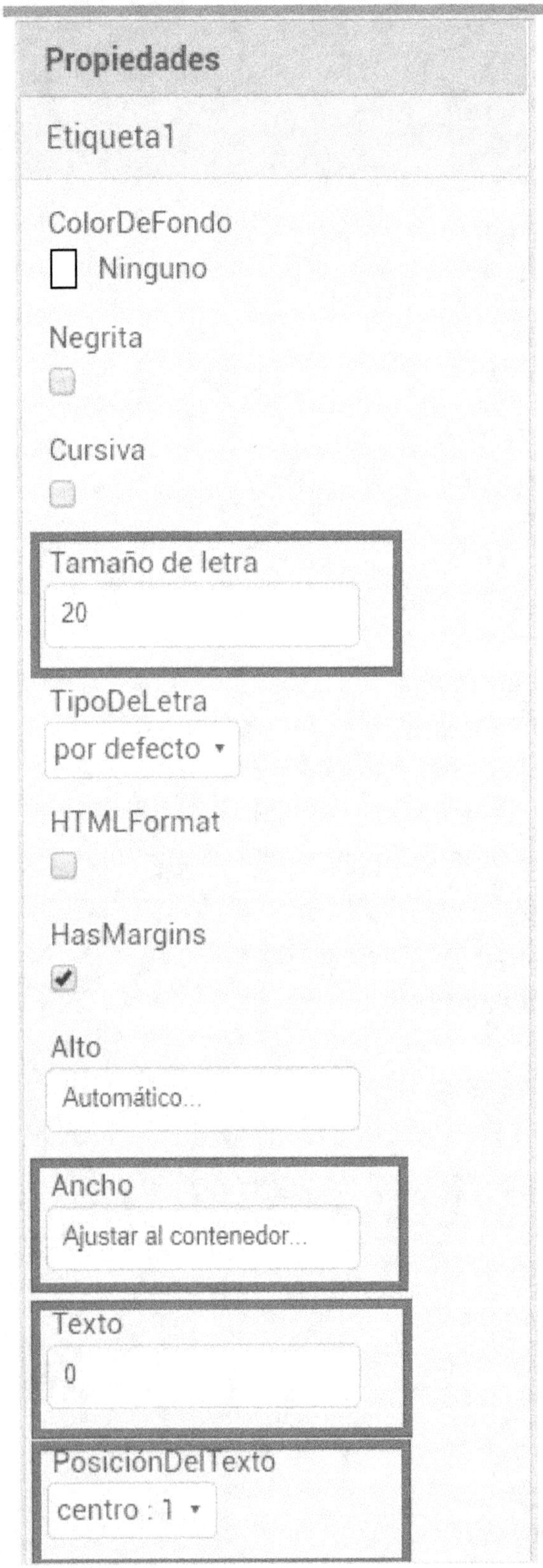

Propiedades

Etiqueta1

ColorDeFondo
☐ Ninguno

Negrita
☐

Cursiva
☐

Tamaño de letra
20

TipoDeLetra
por defecto ▾

HTMLFormat
☐

HasMargins
☑

Alto
Automático...

Ancho
Ajustar al contenedor...

Texto
0

PosiciónDelTexto
centro : 1 ▾

Bien ahora nos dirigimos a la pantalla de bloques y crearemos una variable global con el nombre "contador" y el valor **1**, para ello iremos a *bloque → integrados → variables →*

inicializar global que arrastraremos a nuestro diseño, y al que encajaremos el bloque con el valor de **1**, para ello iremos a *bloques → integrados → matemáticas →* y arrastraremos el bloque que contiene un cero en su interior. Bien ya tenemos creada nuestra variable ahora necesitamos un desencadenante que hará que nuestro pequeño programa comience a ejecutarse y ese será la inicialización de la pantalla de nuestra aplicación, para ello iremos a *bloques → integrados → Screen1* y arrastramos el bloque **cuando Screen1 inicialize**, Ahora dentro del bloque encajaremos el bloque **mientras** para ello iremos a *bloques → integrados → control → mientras comprobar*. nos tiene que quedar de la siguiente manera.

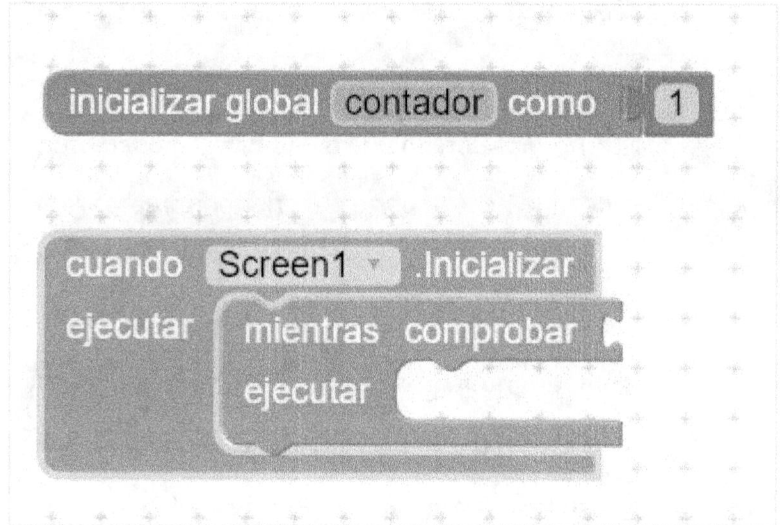

Este bloque como comentamos al principio del artículo comprobaba una condición lógica, si la condición es cierta, repite el contenido del interior de dicho bloque, nosotros lo que haremos con nuestra variable es comprobar que sea menor o igual a 10, y siempre que sea menor añadiremos un texto, que en nuestro caso sera el numero de vueltas o interacciones en el bucle, de esta manera nos tendra que quedar el siguiente texto: 0,1,2,3,4,etc… hasta llegar al 10, una vez llegado al diez, finalizamos el bucle añadiendo al texto el comentario *"finalizó el bucle"*, es más sencillo de lo que parece así que manos a la obra.

Lo primero iremos a *bloques → integrados → matemáticas* y arrastraremos el bloque de comparación igual, que situaremos justo al lado del bloque mientras, pulsaremos en la flecha pequeña situada al lado del signo igual y seleccionaremos la comparación igual o menor que, dentro de su primer hueco vacío tomaremos nuestra variable y en el segundo hueco pondremos el bloque matemático 10, nos tiene que quedar de la siguiente manera.

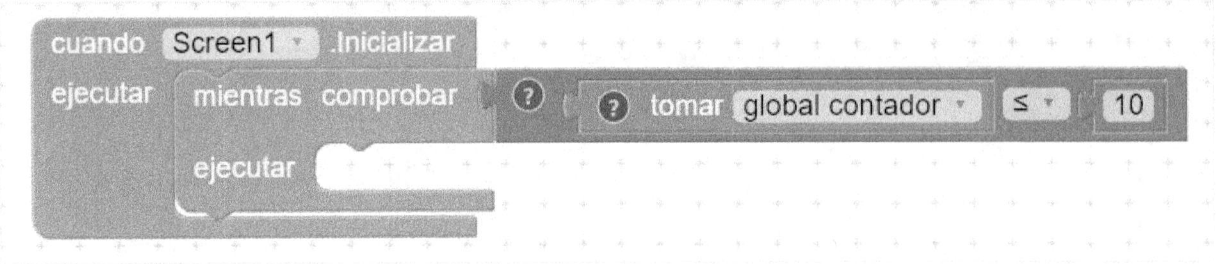

```
cuando Screen1 .Inicializar
ejecutar   mientras  comprobar   ?   ? tomar global contador  ≤  10
           ejecutar
```

Ahora debajo del bloque mientras, pondremos el bloque **etiqueta1.texto como**, para ello iremos a *bloques → integrados → Screen1 → etiqueta1* al que le uniremos texto con el bloque unir situado en *bloques → integrados → texto* y que le añadiremos un hueco más pulsando en la rueda dentada situada en la parte superior derecha de dicho bloque, quedando tres posiciones para unir texto, en la primera empezando por la parte superior pondremos la etiqueta **etiqueta.texto**, que será el texto que tenga en ese momento la etiqueta, seguido en la segunda posición, pondremos un bloque de texto con una coma y en la tercera posición, la de más abajo, pondremos el bloque tomar global contador que añadirá al texto el valor de nuestra variable en ese momento, ahora más abajo añadiremos a nuestra variable global contador el valor de uno, que se sumará por cada interacción en el bucle, tiene que quedarnos de la siguiente manera.

```
cuando Screen1 .Inicializar
ejecutar   mientras  comprobar   ?   ? tomar global contador  ≤  10
           ejecutar   poner Etiqueta1 . Texto  como   ⚙ unir  Etiqueta1 . Texto
                                                              " , "
                                                              tomar global contador
           poner global contador  a   ⚙ tomar global contador  +  1
```

Vamos hacer un alto y comentar que es lo que tenemos por ahora, lo primero que comprobamos en el código es si nuestra variable es igual o mayor que diez, como es la primera vez que la ejecutamos su valor será 1, ya que al inicio la inicializamos a 1, por tanto nos devolverá cierto y entraremos dentro del bloque, en el que tenemos la etiqueta1 al que le añadimos el texto que ya teníamos, en este caso 0, si recordáis en las propiedades de diseño le pusimos el texto 0, y también le añadimos el valor de nuestra variable que es 1, quedando el texto de la siguiente manera *"0,1"* ahora volverá a comprobar en el bloque mientras, si la variable contador es igual o mayor de 10 y como 1 es menor que 10, volvemos a entrar siguiendo los pasos anteriores, pero esta vez, el texto mostrado será *"0,1,2"* a si sucesivamente hasta que la variable contador sea igual o mayor de diez, que llegados a ese caso el texto será el siguiente *"0,1,2,3,4,5,6,7,8,9,10"* y saldremos del bucle creado por el bloque mientras.

Bien, ahora pondremos justo debajo del bloque mientras el bloque poner etiqueta1 como a la que añadiremos el texto *"ya termino el bucle"* nos quedará como la siguiente imagen.

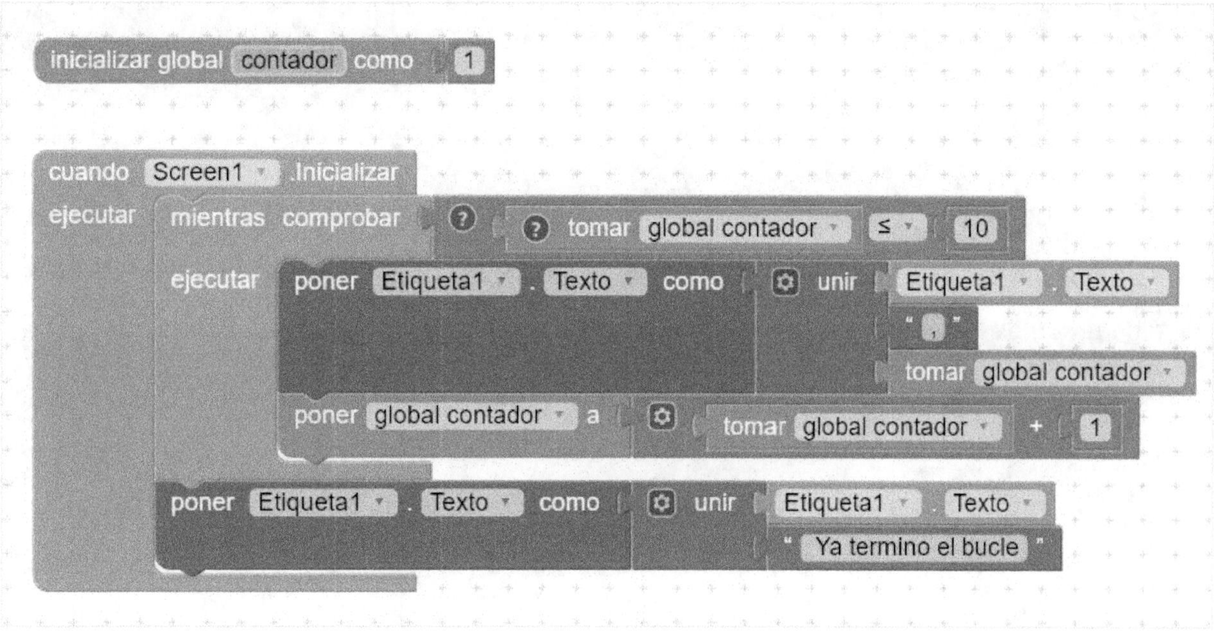

Si ejecutamos nuestra aplicación con nuestro método favorito veremos que en la pantalla de nuestro dispositivo mostrará la secuencia de número s del 0 al 10 que es las veces que se ejecutará el bucle y el texto se terminó el bucle que se añadirá una vez que salgamos de dicho bucle es decir cuando la condición del bucle sea falsa.

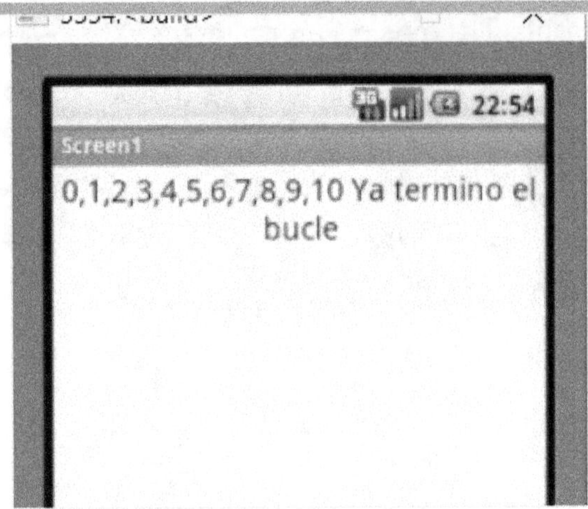

Con esto queda visto y explicado el bucle mientras o en inglés While, podéis practicar y ejecutar modificando el número de de veces que interacciona el bucle.

Bucles For Each

¿QUE ES UN BUCLE FOR EACH ?.

Hola y bienvenido a **Inventordeaplicaciones.es,** después del parón veraniego retomamos esta serie de artículos del curso de programación en App inventor 2, en este artículo que nos ocupa hoy, hablaremos de los bucles **Foreach** (de la palabra inglesa for each = por cada uno) y que repetirá el contenido del bucle un número determinado de veces, y es lo que le diferencia del bucle **While** que vimos anteriormente, en el que la repetición era infinita a no ser que la condición a comprobar fuera falsa, pero vamos a verlo con un ejemplo y a si lo entenderemos mejor.

PROGRAMANDO EL BUCLE FOR EACH

Una vez abierto en nuestro navegador **App Inventor 2** lo primero que tenemos que hacer es crear un nuevo proyecto, yo le llamaré **Bucle for each.** Después crearemos un mínimo diseño para nuestra aplicación, para el ejemplo que nos ocupa solo necesitaremos arrastrar una etiqueta y en sus propiedades le modificaremos el tamaño de letra, que le pondremos en 24 y para el texto dejaremos la casilla vaca, las demás opciones no hace falta que las toquemos.

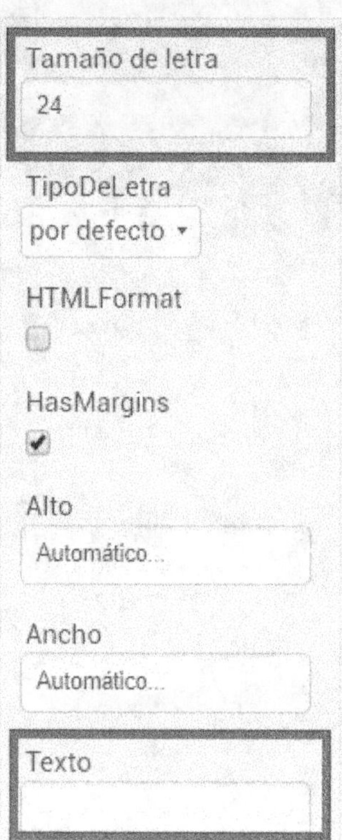

Bien, una vez hecho esto, nos iremos a la pantalla de bloques y lo primero que haremos es crear una variable global, a la que pondremos de nombre valores y que contendrá una lista. Para ello la uniremos con el bloque **construye una lista,** que está situado dentro de bloques → lista y al que añadiremos seis valores, 1,3,5,7,9 y 11. Para ello utilizaremos la rueda dentada situada en la esquina superior izquierda del mismo bloque para crear todos los huecos y arrastraremos los bloques con los números correspondientes. Nos tiene que quedar de la siguiente manera.

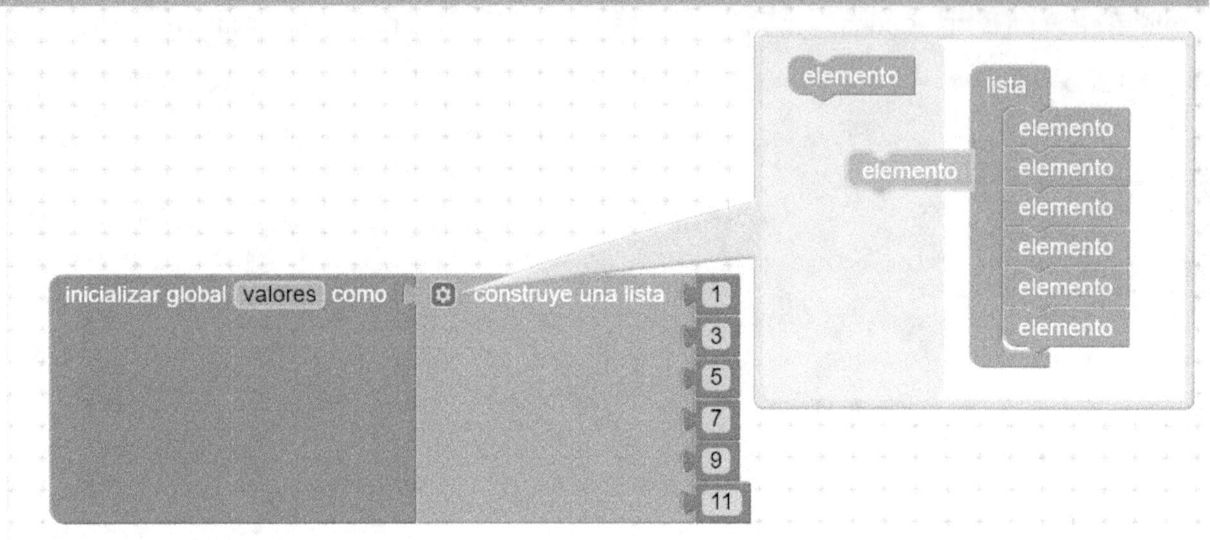

Los siguiente que haremos es iniciar nuestro bucle cuando inicie la aplicación para ello utilizaremos el bloque (Cuando Screen1.Inicializa) y justo debajo el bloque que nos ocupa en este artículo (Por cada número desde hasta) nos tiene que quedar como la siguiente imagen.

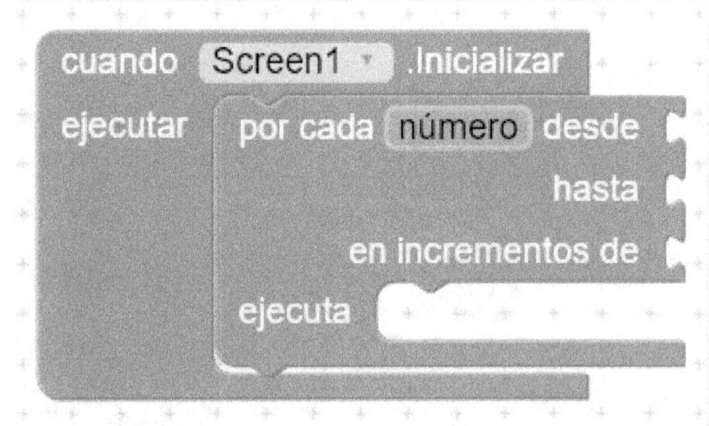

Ahora vamos a ver como configurar nuestro bloque para que cree un bucle un número determinado de veces, en el hueco desde, pondremos el valor de 1, en el hueco hasta, pondremos la longitud total de nuestra lista, y para ello utilizaremos los bloques (Longitud de la lista lista) y le añadimos nuestra variable que contiene la lista (tomar global valores), ahora en el último hueco en (incrementos de) pondremos el valor de uno. Con esto le diremos al bucle, que por cada número, desde 1, hasta la longitud total de nuestra lista, que en nuestro ejemplo contiene 6 posiciones, y en incrementos de 1, ejecutaremos una serie de instrucciones. Nos tiene que quedar de la siguiente manera.

Ahora lo que haremos es que cada vez que ejecutemos el bucle, en nuestra etiqueta pondremos o añadiremos al texto, el valor que contiene la posición de nuestra lista, a si en la posición 1, añadiremos al texto el valor de 1, en la posición 2, añadiremos al texto 3, a si sucesivamente hasta llegar al final de la lista o la posición 6, que tendrá un valor de 11. Para ello pondremos el bloque (Poner etiqueta1. texto como) al que le añadiremos un bloque de texto (unir) al que pondremos en su primer hueco, el texto actual de la etiqueta, con el bloque (etiqueta1.texto) y en su segundo hueco, pondremos el bloque (seleccionar elemento de la lista) de los bloques de lista, donde pondremos en su primer hueco nuestra variable global que contiene la lista (tomar global valores) y en su segundo hueco (tomar número) donde número, será la variable local de nuestro bucle, y que guardará la posición de la lista en la que se encuentre en ese momento. Tiene que quedarnos de la siguiente manera.

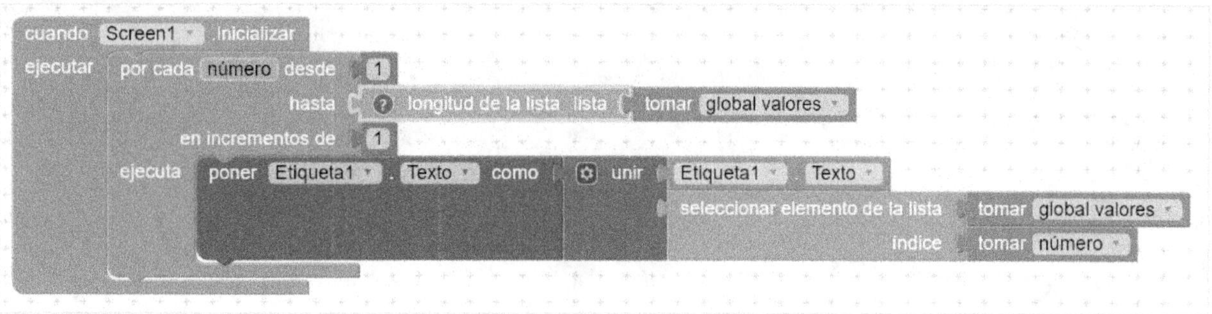

Bien si ejecutamos nuestra aplicación con nuestro método favorito, podremos ver que en pantalla veremos la siguiente lista de números

Esto es así ya que recorreremos la lista de uno en uno, y por cada uno añadiremos al texto que tengamos en ese momento el valor de la posición de nuestra lista, a si para la posición 1 tendremos 1, para la posición 2 tendremos 3, posición 4 tendremos 5, a si sucesivamente para así finalmente llegar a la posición 6 que tendrá 11, y dar por finalizado nuestro bucle.

Bueno con esto queda explicado el bucle For each, ahora queda explorar por vuestra parte las distintas opciones y variaciones del mismo.

Bloque Break en App Inventor 2.

Hola y bienvenido una vez más a una nueva entrega del curso que te enseñará a programar en App Inventor, hoy veremos los nuevos bloques break, y digo nuevos, por que hasta hace poco el MIT no los a introducido en nuestra herramienta favorita, veremos su uso, que es muy fácil, y las posibilidades que nos brinda, sin más empecemos.

¿QUE ES UN BLOQUE BREAK?

La instrucción break se utiliza con las instrucciones de bucle foreach y while. En los bucles, la instrucción break finaliza la ejecución de la instrucción, foreach o while más próxima. El control pasa a la instrucción que hay a continuación de la instrucción finalizada, si hay alguna.

UN EJEMPLO CON EL BLOQUE BREAK

Bien vamos a ver un pequeño ejemplo de cómo usar este bloque en App Inventor, no te preocupes es muy sencillo.

Lo primero es dirigirnos a App Inventor y abrir un nuevo proyecto, yo le pondré el nombre de BREAK pero le puedes dar el nombre que quieras. Una vez abierto nuestro proyecto en la ventana de diseño arrastraremos dos etiquetas, y en las dos pondremos el tamaño de letra en 24, y la casilla de texto vacía tal como muestra la imagen.

Tamaño de letra

24

TipoDeLetra

por defecto ▾

HTMLFormat

☐

HasMargins

☑

Alto

Automático...

Ancho

Automático...

Texto

Ahora nos dirigimos a la pantalla de bloques, y con nuestra etiqueta1 haremos un bucle While, para ello usaremos una variable global, a la que llamaremos contador, y que inicializamos a 0, Despues usaremos el bloque "cuando Screen1.Inicializa, donde meteremos nuestro bloque While, de esta forma al arrancar la aplicación iniciara el bucle. Ahora en el bucle While, le pondremos la condición de que se repita siempre que la variable contador sea menor que diez, y dentro del bucle, y a modo de interacción sumaremos 1 a la variable contador, y añadiremos a la etiqueta texto el valor de la variable contador. Tiene que quedarnos de la siguiente manera.

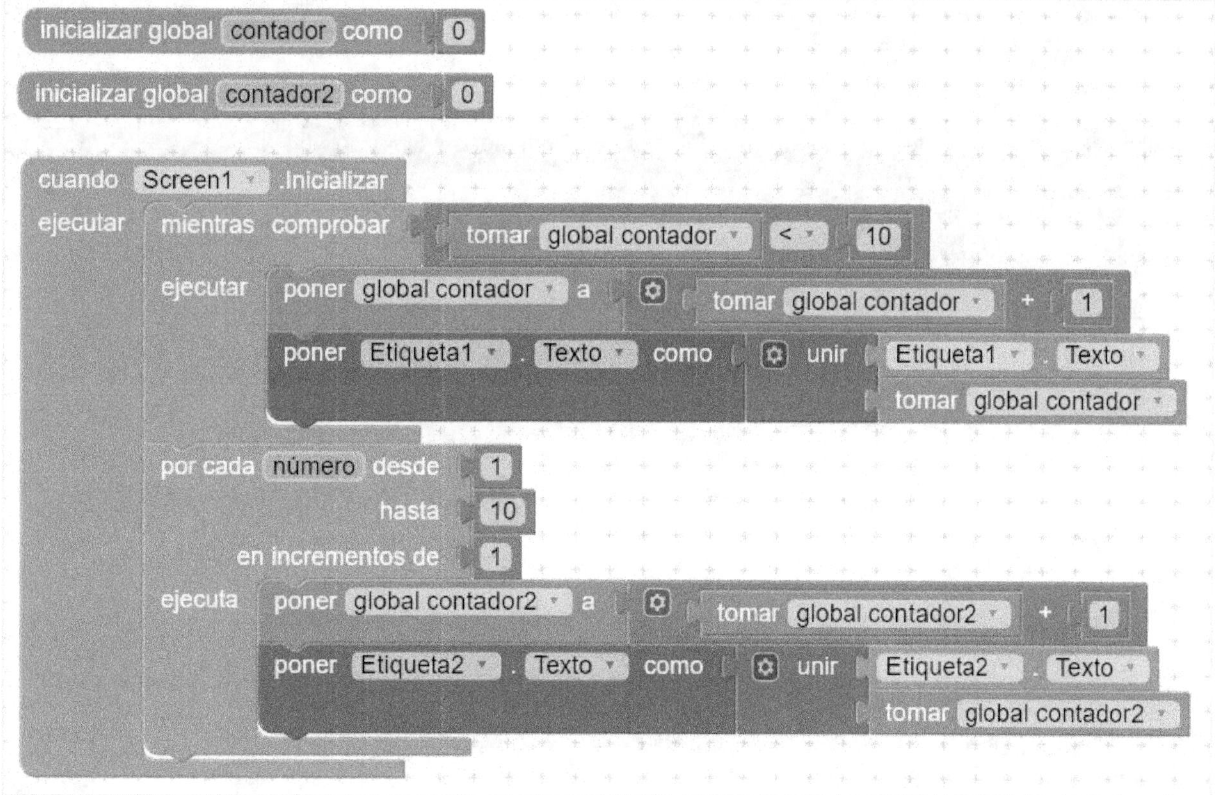

Ahora con nuestra etiqueta2 haremos un bucle For each que pondremos a continuación dentro del bloque "Cuando screen1. Inicializar" justo debajo del bucle while, para ello en primer lugar crearemos una segunda variable global, a la que llamaremos contador 2, ahora en el bucle for each pondremos en desde, el valor de 1, en hasta el valor de 10, y en incrementos de, el valor de 1, seguido y dentro del bucle, y a modo de interacción sumaremos 1 a la variable contador2, y añadiremos a la etiqueta2 el valor de la variable contador2. Todo tiene que quedar de la siguiente manera.

Bien ahora usaremos el bloque break para interrumpir los bucles en algún punto de la interacción, para eso nos ayudaremos del bloque if, que cuando su condición sea cierta llamara al bloque break, podemos poner como condición que la variable contador y contador2 se igual o mayor a 5, nuestro nuevo bloque break está situado en bloques – integrados – control-break quedará de la siguiente manera.

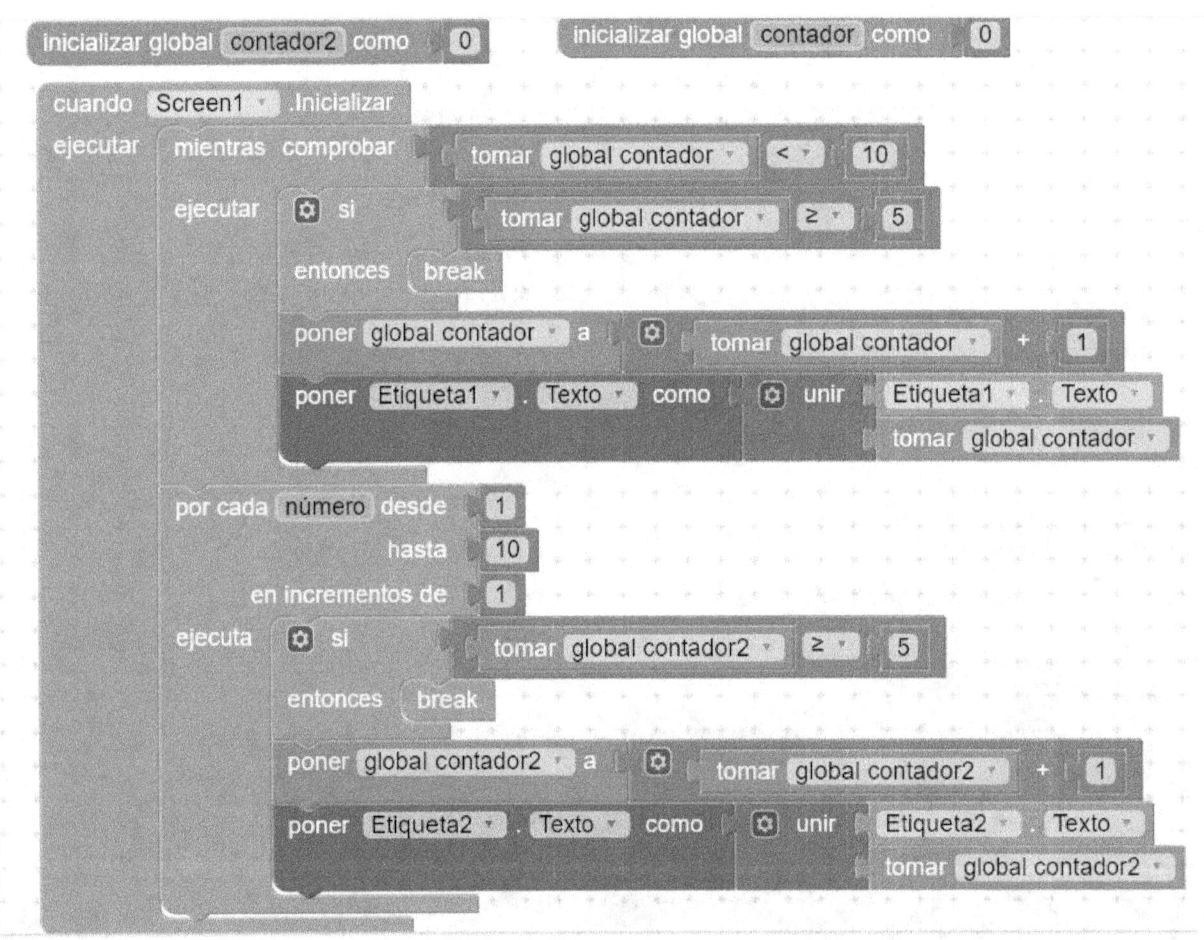

Pues bien, ahora si ejecutamos nuestra pequeña aplicación, veremos que el texto que muestra en pantalla solo mostrará lo números del 1 al 5. Lo que sucede es que cada bloque if que hemos colocado en sus correspondientes bucles, comprueban si su condición es cierta, es decir, que la variable asignada a cada uno sea mayor o igual a 5, en el momento que se cumple llama al bloque break, que lo que hace es terminar de manera inmediata el bucle.

Ahora su uso y posibilidades se hace casi infinitas, ya que es posible llamarle en cualquier situación, al detectar el giro del teléfono, al pulsar un botón, etc ...

Procedimientos en App Inventor 2.

¿QUE ES UN PROCEDIMIENTO?

Los Procedimientos son un elemento muy utilizado en la programación. Empaquetan y 'aíslan' del resto del programa, una parte de código que realiza alguna tarea específica. Son por tanto un conjunto de instrucciones que ejecutan una tarea determinada y que hemos encapsulado para que nos sea muy sencillo de manipular y reutilizar. De esta manera no hace falta escribir una y otra vez el código, solo con llamar al procedimiento estaremos invocando a una parte del código, sin tener que copiar o manejar gran cantidad de bloques, simplificado a si la tarea de programar y consiguiendo un código más limpio.

Lo vemos con un ejemplo muy simple, un procedimiento que llamaremos "saludo", que nos da una idea del funcionamiento general.

Para ello como siempre abriremos App Inventor y nos dirigiremos a nuestra pantalla de diseño, a la que arrastraremos una etiqueta, le cambiaremos el tamaño de letra a 24 y la casilla de texto la dejaremos vacía. Bien una vez hecho esto, nos dirigimos a la pantalla de bloques y en pantalla arrastraremos nuestro bloque procedimiento, al que le cambiaremos el nombre que viene por defecto y le llamaremos saludo, seguido le uniremos el bloque poner etiqueta1.texto como, al que le añadiremos el siguiente texto " Hola, este es el resultado del procedimiento saludo" y seguido uniremos también el bloque poner etiqueta1.colorDeTexto como al que le añadiremos el color rojo, tiene que quedar de la siguiente manera.

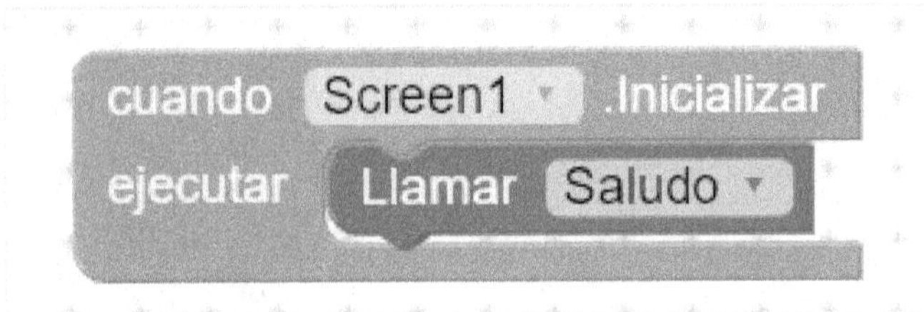

Bien ahora solo nos falta llamar al procedimiento, para ello utilizaremos el bloque cuando screen1.inicializa y dentro añadiremos el bloque "Llamar Saludo". Este bloque se ha generado automaticamente cuando hemos creado el procedimiento; y está situado en bloques – integrados – procedimientos. Tiene que quedar de la siguiente manera.

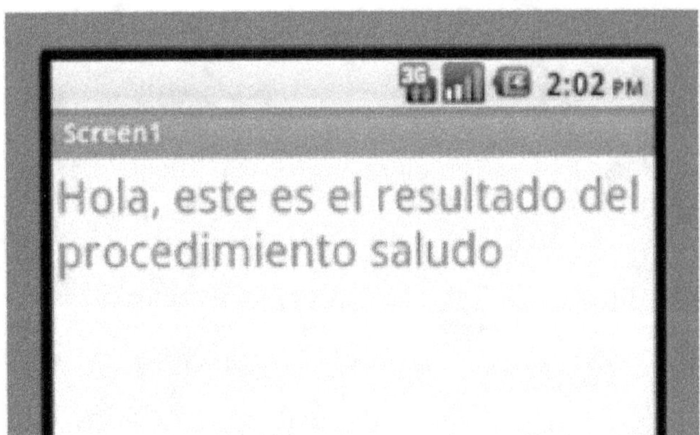

Bien ahora ejecutaremos la aplicación con nuestro método favorito, teniendo como resultado la siguiente imagen.

Screen1

Hola, este es el resultado del procedimiento saludo

Procedimientos con parámetros

Los procedimientos en App Inventor se les puede añadir parámetros, para ello los bloques procedimientos contienen en su esquina superior izquierda una rueda dentada con la que podremos añadir tantos como necesitemos.

Como ejemplo del uso de parámetros vamos a crear un procedimiento muy simple, que nos dará un resultado dependiendo del valor que le pasemos en el parámetro. En este caso calculará el volumen de una esfera según el valor del radio (R). La fórmula de dicho volumen es: $4/3 * \pi * R3$.

Antes de comenzar añadiremos dos nuevas etiquetas a nuestro diseño, etiqueta2 y etiqueta, a la primera le cambiaremos el tamaño de letra a 24, y pondremos de texto "EL RESULTADO DEL CÁLCULO ES:". A etiqueta3, le pondremos el tamaño de letra en 24, y la casilla de texto la dejaremos vacía.

Ahora solo nos queda programar la lógica de nuestra aplicación.

Para ello crearemos una variable global a la que nombraremos como VolumenEsfera y que tendrá el valor de cero, y un nuevo procedimiento al que le daremos el nombre de CálculoEsfera, y pulsando en la rueda dentada añadiremos un parámetro al que daremos el nombre de R2.

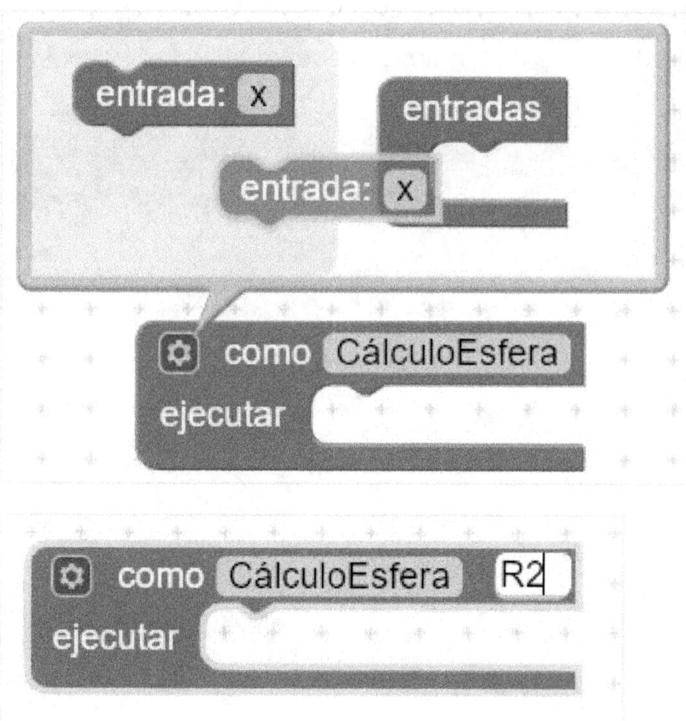

Seguido crearemos la fórmula matemática de nuestro ejemplo 4/3 * 3,14 * R2*R2*R2, donde R2 es nuestro nuevo parámetro, que sacaremos situando el cursor encima de dicho parámetro, y arrastrándolo a la posición que queramos dentro del código.

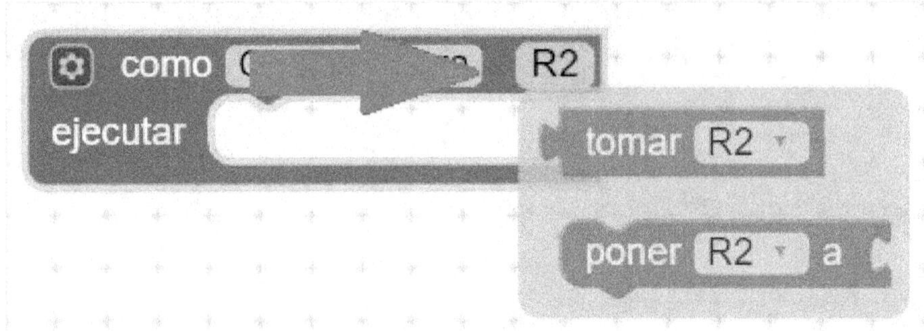

o bien arrastrando un bloque tomar variable, y seleccionando nuestro parámetro. Toda esta fórmula la asignaremos a nuestra variable global VolumenEsfera, que a su vez colocaremos dentro de nuestro bloque de procedimiento. Tiene que quedarnos de la siguiente manera.

Antes de continuar quiero aclarar que en App Inventor los parámetros definidos dentro de los procedimientos, son denominadas variables locales, y no pueden ser accedidas desde el exterior del procedimiento.

Esta es una práctica muy recomendable que debemos seguir para que no entren en conflicto con otras variables del mismo nombre que puedan existir en el resto del programa, incluyendo las que pueden estar dentro de otros procedimientos que también hayamos definido en dicho programa.

Bien dada la explicación pasaremos a colocar dentro de nuestro procedimiento un bloque poner etiqueta3.como al que le añadiremos un bloque tomar variable, en el que escogeremos nuestra variable global VolumenEsfera, de esta manera nuestra etiqueta3 mostrará el cálculo del procedimiento, y quedará de la siguiente manera.

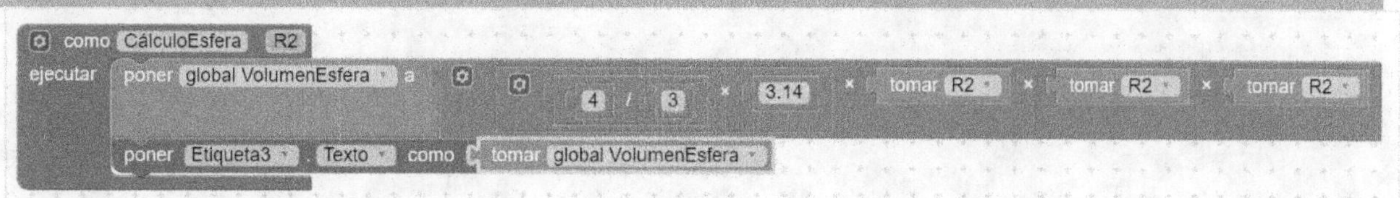

Lo siguiente y último por hacer es llamar a nuestro procedimiento, para ello nos dirigimos a bloques – integrados – procedimientos y escogeremos el bloque que se ha creado automáticamente al crear nuestro procedimiento y que situaremos en el bloque cuando Screen1.inicializa para que lo llame nada más arrancar nuestra aplicación, solo nos queda una última cosa, dar valor al parámetro que creamos en el procedimiento "R2", aquí dejo que pongas el valor que tú quieras, yo para este ejemplo le pondré 1. Tiene que quedar de la siguiente manera.

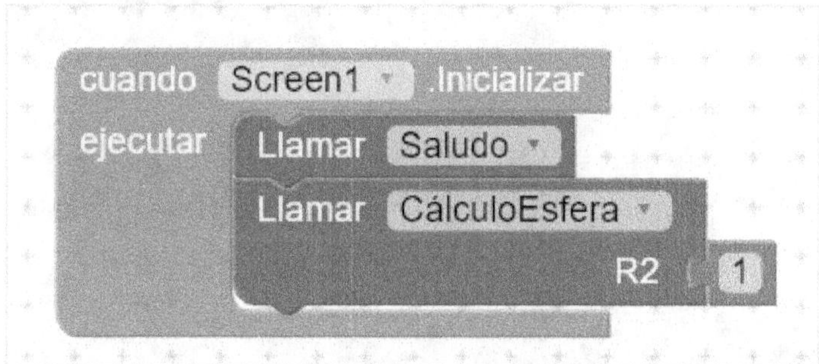

Si ejecutamos nuestra aplicación veremos el resultado del cálculo, podemos variar el valor de R2 para ver distintos resultados.

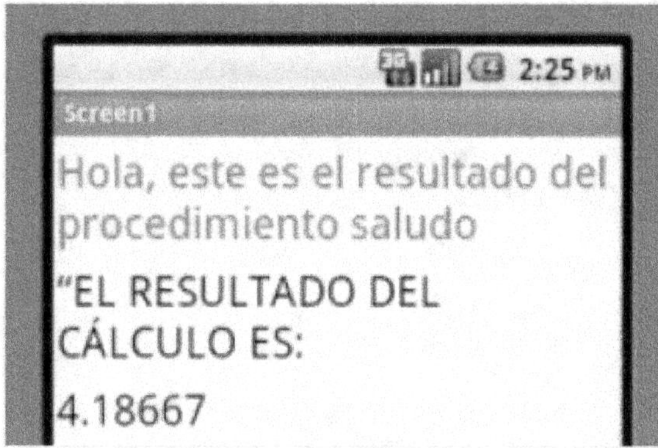

Procedimientos que devuelven resultados

Lo primero que haremos es abrir App Inventor, y seleccionaremos el proyecto anteriormente guardado como Procedimientos, si tu le llamaste de otra manera, es lo mismo, abre el proyecto con el nombre que lo guardaste.

Ve a la pantalla de diseño y arrastra dos nuevas etiquetas al visor, la primera etiqueta, le pondrás el tamaño de letra en 24 y el texto "El precio con iva es:", en la segunda cámbiale el tamaño de letra en 24, y la casilla de texto esta vez déjala vacía, esta etiqueta nos mostrará el resultado de nuestro procedimiento.

Ahora dirígete a la pantalla de bloques, y arrastra un nuevo procedimiento que devuelve un resultado, el bloque es este:

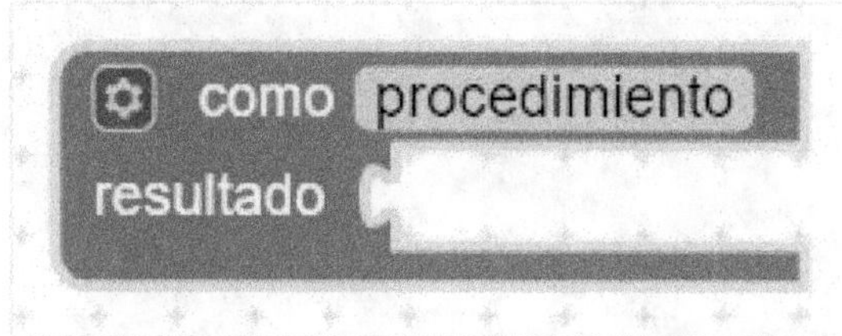

Le vamos a cambiar el nombre por el de CalculoPVP, ya que en nuestro ejemplo lo que hará este procedimiento es devolver el precio de venta al público, pasando en sus parámetros el precio y el IVA. (*En España el IVA es impuesto sobre el valor añadido o de impuesto sobre el valor agregado, si no resides en España sigue el ejemplo tal cual, solo es para demostrar la funcionalidad de estos bloques o bien puedes adaptarlo al impuesto de tu país*). Para ello, pulsamos en la rueda dentada de la esquina superior izquierda del bloque, y le añadiremos dos nuevos parámetros, que como ya hemos dicho, le pondremos el nombre de Precio e IVA. Ahora en el interior del bloque procedimiento, haremos nuestro calculo, que será la multiplicación del precio por el iva, para ello arrastraremos el bloque matemático multiplicación, y dentro añadiremos nuestros parámetros Precio e IVA, si te das cuenta estos parámetros se comportan como variables locales.

Tiene que quedar de la siguiente manera.

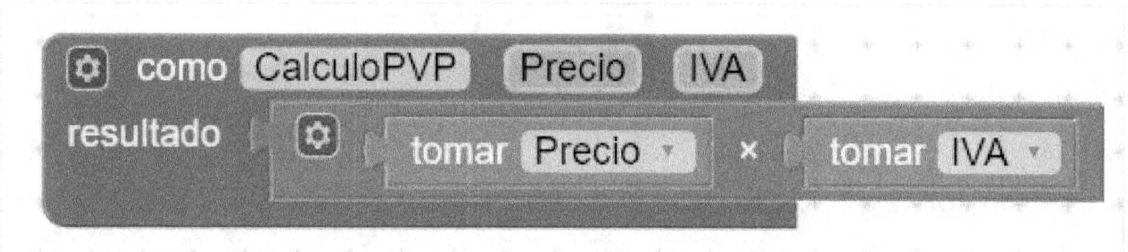

Bien, ahora solo te queda un paso más, y es mostrar el resultado del cálculo en nuestra etiqueta, para ello en nuestro bloque, **Cuando Screen1.Inicializa**añadiremos el bloque **Poner etiqueta5.Texto como**, y a este mismo le añadirás nuestro bloque llamar a **calculoPVP**, que en su parámetro Precio, pondremos 10, y para su parámetro IVA le pondremos 1.21. Tiene que quedar de la siguiente manera.

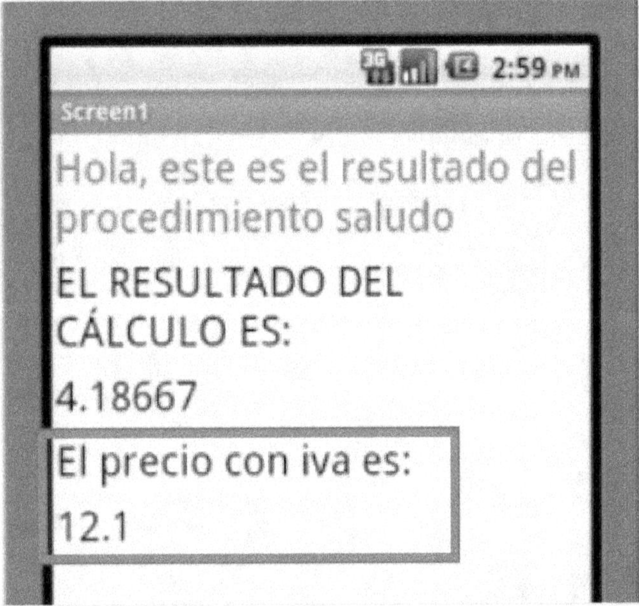

Ahora solo tienes que ejecutar la aplicación con el método que tu prefieras, y el resultado tiene que ser este.

Seguro que te has dado cuenta de que el resultado es 12.1 cuando tenía que ser 12.10, eso pasa porque el resultado solo muestra un decimal, pero como a ti te gusta hacer las cosas bien, vamos arreglarlo. Para ello nos vamos a los bloques de matemáticas y arrastramos el bloque **dar formato decimal al número** y lo arrastramos entre nuestra etiqueta y nuestro procedimiento, en el hueco decimales pondremos el bloque numérico 2, quedando de la siguiente manera.

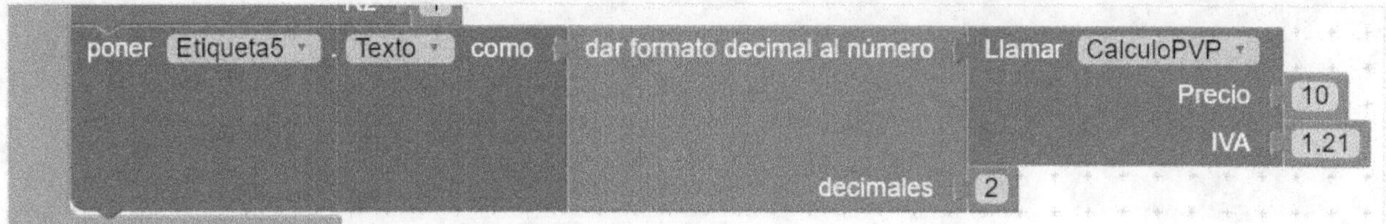

de esta manera el resultado mostrará el número de decimales correcto, vamos a comprobarlo ejecutando nuestra aplicación.

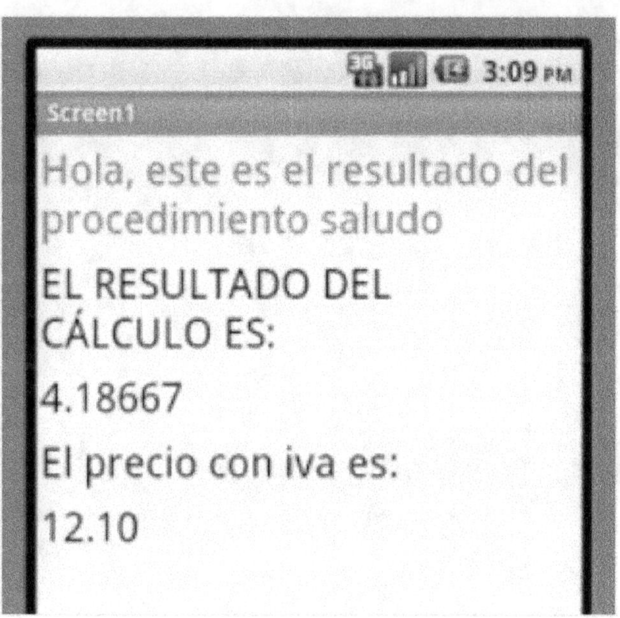